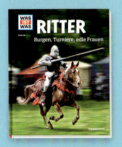 
   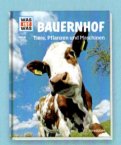 

Die Reihe wird fortgesetzt.

Dr. Manfred Baur

PLANETEN
UND RAUMFAHRT

Expedition ins All

TESSLOFF

Inhaltsverzeichnis

Hier siehst du, wo du bist!

Wo ist was?

Seite **16**

Sieht aus wie der Mond, ist aber der Merkur, ein heißer und schneller Planet.

14 / Die Familie der Sonne

- 14 Die Sonne – ein heißer Stern
- 16 Der Merkur – mit Kratern übersät
- 17 Die Venus – tödlicher Zwilling der Erde
- 18 Die Erde – ein Wasserplanet
- 20 Der Mond – unser Begleiter
- 22 Mars – der rostige Planet
- 24 Der Jupiter – keiner ist größer
- 26 Der Saturn – Planet mit den schönsten Ringen
- 27 Der Uranus – gekippter Eisplanet
- 28 Der Neptun – blauer Sturmplanet
- 29 Asteroiden, Zwergplaneten und Planeten

Der erste Weltraumspaziergang. Wenn Helden spazieren gehen, dann ist was los.

Seite **4**

Seite **18**

Oase im All. Die Erde ist ein Wasserplanet.

Um die Sonne kreisen alle Planeten. Ohne ihre Energie wäre die Erde ein Eisplanet.

Seite **14**

4 / Unser Sonnensystem

- ▶ **4 Spaziergang im All**
- 6 Unser Platz im Universum
- ▶ **8 Sonne, Planeten und Asteroiden**
- 10 Aus Sternenstaub geboren
- 12 Wie wir die Planeten erforschen

Seite 30

Der Weg ins All ist schwierig. Nur starke Raketen wie die Ariane 5 überwinden die Schwerkraft der Erde.

30 / Mit Raketen ins All

- 30 Mit Power zu den Planeten
- ▶ 32 **Wo die Reise losgeht**
- ▶ 34 **Meilensteine der Raumfahrt**

Die mit ▶ markierten Kapitel könnten dich besonders interessieren!

36 / Astronauten

- ▶ 36 **Der teuerste Anzug der Welt**
- 38 Nur die Besten schaffen es!
- 40 Sonnenaufgänge am laufenden Band

42 / Neue Horizonte

- 42 Einmal Mars, bitte!
- 44 Menschen zum Mars
- ▶ 46 **Chat mit Außerirdischen**

Seite 42

Marsroboter suchen nach Wasser und Leben auf dem roten Planeten.

Seite 40

Wohngemeinschaft im All. Bis zu sechs Astronauten leben auf der Internationalen Raumstation ISS.

48 / Glossar

Hier findest du die wichtigsten Begriffe kurz erklärt.

Spaziergang im All

Es ist der 18. März 1965. Der russische Kosmonaut Alexej Leonow zwängt sich als erster Mensch durch die enge Luftschleuse hinaus ins All. Nur eine fingerdicke Sicherungsleine verbindet ihn noch mit der Raumkapsel. So schwebt er in seinem Raumanzug als erster Mensch schwerelos im All. Raumschiff und Kosmonaut rasen dabei mit 28 000 km/h um die Erde. Sein Kollege Pawel Beljajew bleibt in der Kapsel und filmt diesen historischen Moment.

»Ich habe nicht daran gedacht, dass ich sterben könnte.«

Leonow trägt bei seinem Ausflug ins All einen »weichen« Raumanzug, der ihn vor dem luftleeren Raum des Alls und vor der Hitze der Sonne schützt. Vor dem Ausstieg war der Anzug mit Sauerstoff befüllt worden. Die Freude über das freie Schweben im Erdorbit ist kurz, denn bald schon beginnt sich der Anzug aufzublähen, sodass Leonow kaum noch Arme und Beine anwinkeln kann. Hilflos schwebt er neben dem Raumschiff. Nur mit Mühe kann er sich zurück zur Luke kämpfen. Sein Raumanzug überhitzt, und durch sein beschlagenes Visier sieht er immer schlechter. Leonow kämpft um sein Leben. Eigentlich müsste er sich nun mit den Händen am Rand der Luke festhalten und mit den Füßen voran in die rettende Luftschleuse hineinschweben. Doch die Handschuhe sind bereits zu stark aufgeblasen und Leonows Füße sind aus den Stiefeln gerutscht. Er versucht es daher mit dem Kopf zuerst, passt jedoch nicht mehr durch die enge Luke.

Doch Leonow hat die rettende Idee. Er lässt einen großen Teil des Sauerstoffs über ein Ventil ins Weltall ab. Ein riskantes Manöver, denn bei zu geringem Druck im Anzug könnte der im Blut gelöste Stickstoff ausperlen und Leonows Leben wäre in Gefahr.

Ein Kraftakt

Schließlich gelingt es ihm, sich durch die Luke zurück in die Schleuse zu zwängen. Mühsam dreht er seinen Körper, um die Außenluke von innen zu schließen. Nach 20 Minuten im All ist Leonow zwar erschöpft, aber lebend in die Raumkapsel zurückgekehrt. Ein Meilenstein der Raumfahrtgeschichte!

Helden unter Wölfen

Doch die Probleme reißen nicht ab. Die Bremsrakete für den Wiedereintritt in die Erdatmosphäre funktioniert nicht. Die Raumfahrer müssen eine Reserverakete von Hand zünden. Allerdings geschieht das 46 Sekunden zu spät und so schießt die Kapsel weit über das berechnete Landegebiet hinaus. Die Kosmonauten müssen eine eisige Nacht in der Kapsel verbringen, umgeben von neugierigen Wölfen. Erst am nächsten Tag eilt eine Rettungsmannschaft auf Skiern zu Hilfe. Leonow wird als Held gefeiert. Vier Jahrzehnte später enthüllt Leonow, dass er eine Todespille im Helm hatte, für den Fall, dass er im All hätte bleiben müssen.

Alexej Leonow
Der russische Kosmonaut ist bei seinem Ausflug ins All 30 Jahre alt.

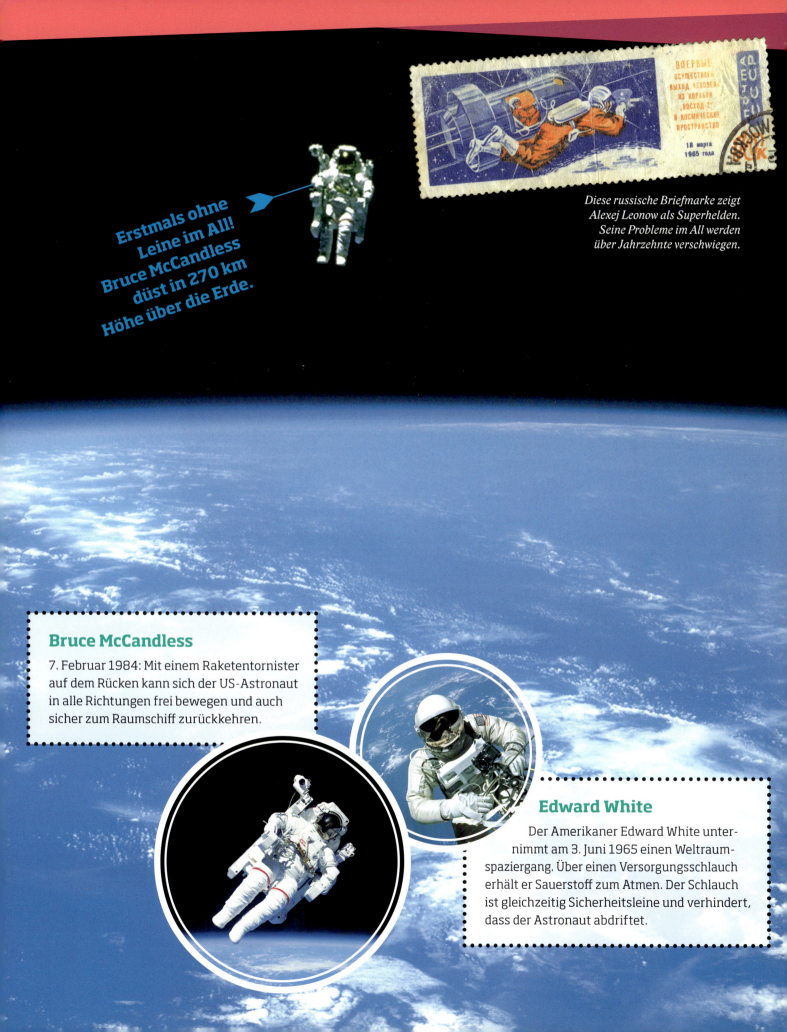

Erstmals ohne Leine im All! Bruce McCandless düst in 270 km Höhe über die Erde.

Diese russische Briefmarke zeigt Alexej Leonow als Superhelden. Seine Probleme im All werden über Jahrzehnte verschwiegen.

Bruce McCandless

7. Februar 1984: Mit einem Raketentornister auf dem Rücken kann sich der US-Astronaut in alle Richtungen frei bewegen und auch sicher zum Raumschiff zurückkehren.

Edward White

Der Amerikaner Edward White unternimmt am 3. Juni 1965 einen Weltraumspaziergang. Über einen Versorgungsschlauch erhält er Sauerstoff zum Atmen. Der Schlauch ist gleichzeitig Sicherheitsleine und verhindert, dass der Astronaut abdriftet.

Unser Platz im Universum

Wenn du in einer klaren Nacht den Himmel betrachtest, am besten außerhalb der Stadt auf dem Land, dort wo kein künstliches Licht stört, dann siehst du mit bloßem Auge 3 000 leuchtende Punkte. Fast alle sind Sterne. Man nennt sie auch Fixsterne, weil sie fix am Himmel stehen und sich ihre Position zueinander nicht ändert. In Wirklichkeit ist jeder dieser Sterne eine riesige Sonne, die mit enormer Geschwindigkeit durchs All rast. Doch die Sterne sind so weit von uns entfernt, dass wir ihre Bewegung nicht wahrnehmen. Es gibt jedoch einige leuchtende Punkte, die ihre Position von Tag zu Tag verändern: Das sind die Planeten oder Wandelsterne. Besonders leicht zu erkennen sind die hell leuchtende Venus und der Jupiter, der größte Planet im Sonnensystem.

Die Milchstraße

Die Sterne sind nicht gleichmäßig über den Himmel verteilt. An manchen Stellen stehen sie so dicht, dass sie scheinbar zu einem milchigen Band verschmelzen: die Milchstraße. Tatsächlich sehen wir unsere Heimatgalaxie sozusagen von innen. Könnten wir sie von außen betrachten, sähen wir, dass sie die Form einer flachen Scheibe hat. Um ein helles Zentrum winden sich viele Spiralarme. In einem dieser Spiralarme liegt unser Sonnensystem. Die Astronomen schätzen, dass es mindestens hundert Milliarden Galaxien gibt. Und die wiederum bestehen aus vielen Milliarden Sternen.

Unser Sonnensystem

Die Milchstraße ist also unsere Heimatgalaxie. Alle Sterne, die wir sehen, gehören dazu, wobei ein Stern besonders wichtig für uns ist: die Sonne. Acht Planeten umkreisen die Sonne in regelmäßigen Bahnen. Einer dieser Planeten ist unsere Erde, der einzige Himmelskörper, von dem wir bisher sicher wissen, dass er Leben beherbergt.

Unsere Erde

Es gibt sehr viel größere und beeindruckendere Planeten im Sonnensystem als unsere Erde. Doch wenn er auch im Vergleich zu anderen klein ist: die Erde ist ein ganz besonderer Planet. Sie ist groß genug, dass ihre Schwerkraft Wasser und die Atmosphäre festhalten kann. Auch ist es weder zu heiß noch zu kalt auf der Erde. Der Abstand zur Sonne ist gerade richtig, sodass Wasser in flüssiger Form vorkommt und wir nicht gegrillt werden. Die Erde ist ein blauer Wasserplanet, eine Oase im All, ohne die es uns Menschen nicht gäbe.

Andromedanebel M31

Auch wenn er so genannt wird, ist der Andromedanebel kein Nebel, sondern eine Galaxie aus Milliarden von Sternen. Es ist die uns am nächsten gelegene Spiralgalaxie und dennoch unerreichbar für uns. Selbst wenn wir mit Lichtgeschwindigkeit reisen könnten, wären wir zweieinhalb Millionen Jahre lang zu ihr unterwegs.

Die Milchstraße
Hoch oben im Himalaja, wo die Luft klar ist, präsentiert sich die Milchstraße als prächtig schimmerndes Band.

Angeberwissen

▶ Planeten verändern ihre Position. Sterne hingegen scheinen fix am Himmel zu stehen.

▶ Planeten erscheinen im Teleskop als Scheibchen, oft umkreist von Monden oder Ringen. Sterne bleiben Punkte.

▶ Die Planeten unseres Sonnensystems leuchten nicht selbst, sie reflektieren das Licht der Sonne. Sterne dagegen strahlen eigenes Licht aus.

▶ Planeten sind keine Sterne.

Unser Sonnensystem

Sonne, Planeten und Asteroiden

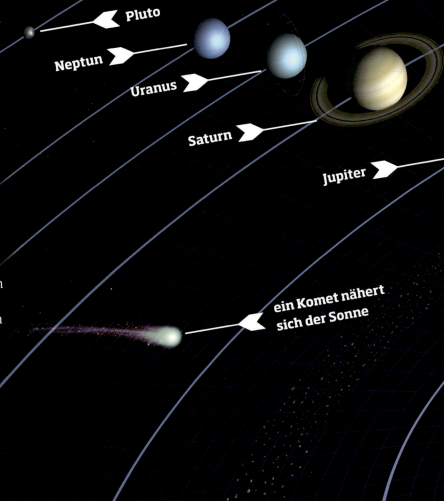

Pluto
Neptun
Uranus
Saturn
Jupiter
ein Komet nähert sich der Sonne

Unser Zuhause im unendlichen Universum ist das Sonnensystem. Im Zentrum steht die Sonne, ein heißer, leuchtender Stern. Die Schwerkraft der Sonne ist so groß, dass sie die Planeten gefangen hält. Die Planeten kreisen auf großen elliptischen Bahnen um die Sonne. Die Sonne versorgt uns Erdbewohner mit Wärme und Licht. Die vier inneren Planeten – Merkur, Venus, Erde und Mars – sind vergleichsweise klein und bestehen aus Gestein und Metall. Die vier äußeren Planeten – Jupiter, Saturn, Uranus und Neptun – sind deutlich größer und bestehen hauptsächlich aus Gas und Flüssigkeit. Wir wissen bis heute nicht, wie es im Innern dieser Planeten aussieht und ob sie einen festen Kern mit einer Oberfläche haben. Früher war Pluto der neunte Planet des Sonnensystems. Seit 2006 gilt er nur noch als Zwergplanet. Die Astronomen haben nämlich festgestellt, dass sich jenseits des Neptuns eine Reihe weiterer Gesteinsbrocken und Zwergplaneten befinden. Pluto hat somit Gesellschaft dort draußen.

Planeten und ihre Äquatordurchmesser

Sonne 1 391 900 km

Venus 12 104 km

Mars 6 794 km

Merkur 4 874 km

Erde 12 756 km

Jupiter 142 984 km

Saturn 120 536 km

Uranus 51 118 km

Neptun 49 528 km

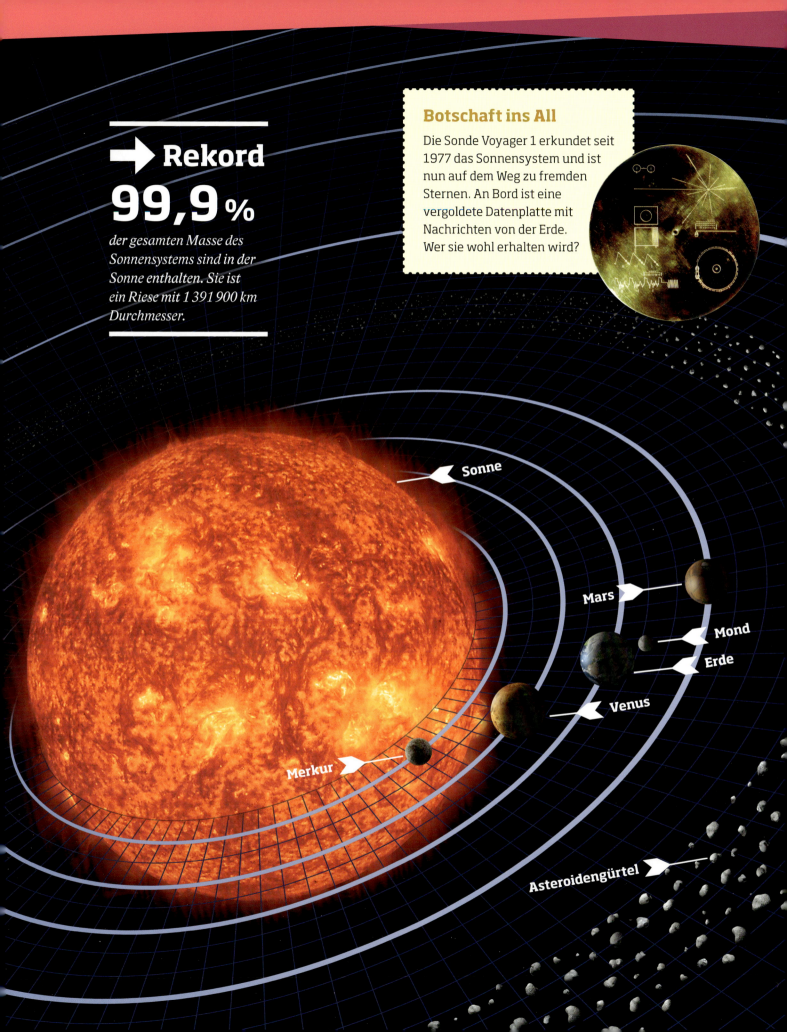

Aus Sternenstaub geboren

Die Geburt des Universums war ein gewaltiges Ereignis, das die Forscher Urknall nennen. Mit einer unvorstellbaren Explosion begannen Raum und Zeit, Energie und Materie. Anfangs war das Universum eine unglaublich heiße und dichte Kugel aus Strahlungsenergie. Diese dehnte sich immer weiter aus und kühlte dabei ab. Es bildeten sich die ersten einfachen Atome: Wasserstoff und Helium. Daraus entstanden die ersten Sterne, in denen das atomare Feuer brannte. Dabei bildeten sich neue chemische Elemente, wie Kohlenstoff, Sauerstoff und Silizium. Die ausgebrannten Sterne explodierten am Ende ihres Lebens.

Die Sonne entsteht

Von den ausgebrannten Sternen blieb eine riesige Gas- und Staubwolke übrig. Diese verdichtete sich unter dem Einfluss der eigenen Schwerkraft. Wie eine Eiskunstläuferin, die bei einer Pirouette die Arme anzieht, begann nun auch die Wolke sich immer schneller zu drehen. Die Materie klumpte zusammen und die nächste Generation Sterne entstand. Vor 4,5 Milliarden Jahren bildete sich so unsere Sonne. Sie zog immer mehr Materie an sich, wurde schwerer, größer und heißer. Schließlich stieg die Temperatur im Innern der noch jungen Sonne so hoch, dass Kernreaktionen starteten. Diese brennen bis heute und versorgen uns mit Licht und Wärme.

Groß schluckt klein

Um die junge Sonne herum wirbelte eine flache Scheibe aus Gas und Staub. Sie bestand hauptsächlich aus den leichten Gasen Wasserstoff und Helium, aber auch

➡ **Rekord**
13,8 Mrd.

Jahre ist das Universum alt. Unser Sonnensystem ist mit 4,5 Mrd. Jahren vergleichsweise jung.

Gas und Staub, die Überreste explodierter Sterne, verdichten sich in einem kosmischen Wirbel. In der heißen Mitte entsteht so die Sonne, weiter außen stufenweise die Planeten. Zunächst kleinere Planetesimale, dann die größeren Protoplaneten und schließlich die Planeten selbst.

In Sonnennähe entstehen aus Materiebrocken die festen Gesteinsplaneten, weiter draußen, dort wo es kälter ist, bilden sich die großen Gasplaneten. Im ganzen Sonnensystem befinden sich außerdem Asteroiden, Staub und Gas – Überreste aus der Entstehungszeit der Planeten.

aus schwereren Elementen wie Eisen und Kohlenstoff. In dieser Scheibe klumpten Staubteilchen zusammen. Es entstanden Brocken, die immer massereicher wurden und so auch immer mehr Materie anziehen konnten. So »fraßen« die großen Brocken die kleineren auf. Aus unregelmäßig geformten »Kartoffeln« entstanden kugelförmige Planeten.

Die Sonne »pustete« die leichteren Gase in die äußeren Bereiche des Sonnensystems, wo die großen Gasplaneten Jupiter, Saturn, Uranus und Neptun entstanden. Im sonnennahen Teil blieben die schwereren chemischen Elemente zurück und formten die Gesteinsplaneten, darunter die Erde. Diese besteht im Kern aus den Metallen Eisen und Nickel und in der Gesteinskruste überwiegend aus Silizium.

Ist das Sonnensystem einzigartig? Seit 1995 wissen wir, dass Planeten auch um andere Sterne kreisen. Die meisten dieser Exoplaneten werden indirekt nachgewiesen. In einigen Fällen konnten Planeten aber direkt fotografiert werden. Links oben das kleine Pünktchen ist ein Planet, der achtmal so groß ist wie der Jupiter.

Planetenbahnen

Weil die Planeten aus einer flachen Gasscheibe entstanden, liegen ihre Bahnen auch alle in einer Ebene.
Die Sonne, ihre Planeten, darunter unsere Erde, sogar wir selbst bestehen aus dem Material explodierter Sterne. Wir sind also ein Produkt des kosmischen Recyclings.

Hier werden Sterne geboren. Der Carina-Nebel ist eine riesige Materiewolke im Sternbild Carina.

Unser Sonnensystem

Wie wir die Planeten erforschen

Galileo Galilei

Jupiter mit seinem großen Roten Fleck

Die hellsten Planeten – Venus, Mars, Jupiter und Saturn – kannst du bereits mit dem bloßen Auge erkennen. Besonders leicht zu sehen ist die hell leuchtende Venus, die manchmal links, manchmal rechts vor der Sonne steht. Ob Abendstern oder Morgenstern genannt, es ist immer derselbe Planet, den du siehst.

Die Venus ist, nach Sonne und Mond, das dritthellste Objekt am Sternenhimmel. Den Mars erkennst du an seiner roten Farbe. Seine Oberfläche besteht nämlich aus eisenhaltigem Gestein, und das ist rostrot. Der Merkur steht sehr nahe an der Sonne und ist nur schwer auszumachen.

➤ Schon gewusst?

Mit dem Fernrohr kannst du den Jupiter als Scheibe sehen, so wie der berühmte Astronom Galileo Galilei vor über 400 Jahren. Er entdeckte auch den auffälligen großen Roten Fleck auf dem Jupiter. Heute wissen wir, dass dies ein gigantischer Wirbelsturm ist, der dort schon seit Jahrhunderten tobt. Galilei beobachtete zu seinem Erstaunen auch vier große Monde, die alle um den Jupiter kreisen.

Blick ins All

Mit modernen Riesenteleskopen können die Astronomen tief ins Weltall blicken und sogar schwach leuchtende Objekte erkennen. Meist stehen die Observatorien auf hohen Bergen, wie Keck I und Keck II auf dem Mauna Kea in 4 205 Metern Höhe. Dort ist die Luft klar, trocken und dünn, und es gibt kein störendes Licht von Städten. Die Astronomen haben hier die besten Voraussetzungen für ihre Beobachtungen, da hier die Sicht extrem klar ist. Manche Teleskope können sogar störende Turbulenzen der Atmosphäre ausgleichen, sodass die Aufnahmen der Himmelsobjekte besonders scharf werden.

Superteleskop VLT

13 europäische Länder haben sich die hohen Kosten für die Europäische Südsternwarte (European Southern Observatory) geteilt. Das Observatorium in der hoch gelegenen und trockenen Atacamawüste in Chile besteht aus mehreren Teleskopen. Das größte ist das Very Large Telescope (VLT), das »sehr große Teleskop«. Es besteht aus vier großen Spiegeln und hat einen Durchmesser von über acht Metern. Die Astronomen können die vier Teleskope sogar zusammenschalten. Dazu wird das Licht der Teleskope in einem komplizierten, unterirdisch verlaufenden System zusammengebracht, sodass die vier Einzelteleskope wie ein einziges Superteleskop zusammenarbeiten.

Superteleskope Keck I und Keck II auf Mauna Kea auf Hawaii

Der Gasplanet Uranus vom Keck-Teleskop aufgenommen

Raumsonden

Seit 1959 schicken Raumfahrtorganisationen Erkundungssonden zu den Planeten. Einige Raumsonden fliegen an den Planeten und ihren Monden nur vorbei und sammeln nur aus der Entfernung Daten über Oberfläche und Atmosphäre. Aus diesen können die Forscher Rückschlüsse auf die Beschaffenheit des Planeten ziehen. Andere Sonden landen sogar auf ihnen. Der Weg zu den Planeten ist sehr weit und die Raumsonden sind daher oft viele Jahre zu ihrem Ziel unterwegs.

Angeberwissen

▶ Stell dir vor, auf dem Mond wäre ein Auto geparkt. Mit dem VLT (rechts) könntest du sogar die beiden Scheinwerfer voneinander unterscheiden. Mit dem starken Laserstrahl entsteht ein künstlicher Leitstern. Mit seiner Hilfe kann man Turbulenzen der Atmosphäre messen und ausgleichen.

Eine amerikanische Delta-II-Rakete schießt die Raumsonde Messenger Richtung Merkur.

Wie finde ich Exoplaneten?

Das Kepler-Weltraumteleskop sucht seit 2009 nach Planeten, die um andere Sonnen kreisen, sogenannte extrasolare Planeten (Exoplaneten). Auf einigen von ihnen könnte Leben existieren. Benannt wurde das Teleskop nach dem deutschen Astronomen Johannes Kepler (1571–1630), der die Bahnen der Planeten um die Sonne berechnete. Exoplaneten kannst du meist nicht direkt sehen. Sie werden fast immer von ihrer Sonne überstrahlt. Doch wenn sich der Planet vor seine Sonne schiebt, verdunkelt er die Sonne etwas. Es kommt zu einer kleinen »Finsternis«. Solche Durchgänge von Planeten zwischen Stern und dem Weltraumteleskop verraten die ansonsten unsichtbaren Planeten.

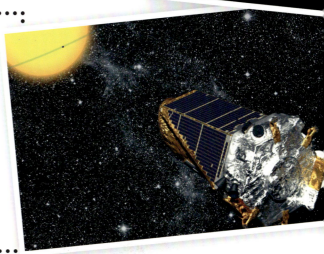

Die Sonne – ein heißer Stern

Das Licht wird im Zentrum der Sonne erzeugt. Es vergehen 30 000 lange Jahre, bis es im Zickzackkurs an die Oberfläche gelangt. Von dort braucht es dann nur noch acht Minuten bis zur Erde.

➤ Schon gewusst?

Die Sonne ist riesig. Ihr Durchmesser beträgt fast 1,4 Millionen Kilometer. Die Erde passt über eine Million Mal in die Kugel der Sonne hinein.

Die Sonne scheint tagsüber so hell, dass du alle anderen Sterne nicht mehr sehen kannst. Aber die Sonne ist nur ein Stern unter vielen. Sie ist »nur« 150 Millionen Kilometer von der Erde entfernt und damit der uns am nächsten gelegene Stern. Während andere Sterne für uns nur winzige Punkte sind, können Astronomen die Sonne als einzigen Stern »aus der Nähe« erforschen.

Woher bezieht die Sonne ihre Energie?

Die Sonne besteht hauptsächlich aus Wasserstoff und Helium. Im Zentrum der Sonne herrschen ein enormer Druck und Temperaturen von 15 Millionen Grad. Unter diesen extremen Bedingungen liegen die Atome »zerfetzt« vor: Atomkerne und Elektronen schwirren wild durcheinander. Man nennt diesen Zustand »Plasma«. Die Atomkerne haben in diesem Plasma so viel Energie, dass sie sogar miteinander verschmelzen. So entstehen aus den kleinen Wasserstoffkernen die größeren Heliumkerne. Dabei wird jedes Mal Energie frei, die als Wärmestrahlung, Licht und andere Strahlung ins Weltall abstrahlt.

Wie lange reicht der Brennstoff der Sonne?

Die Sonne scheint schon seit fünf Milliarden Jahren und hat genügend Brennstoff für weitere fünf. Danach wird sie sich zu einem »Roten Riesen« aufblähen und dabei sogar die Erde verschlucken. Zuvor werden durch die Hitze alle Ozeane verdampfen. Doch keine Angst: Das wird erst in unvorstellbar ferner Zukunft passieren.

Die Sonne im Visier

Spezielle Raumsonden haben unser Zentralgestirn ständig im Blick, so das Sonnen- und Heliosphären-Observatorium SOHO. Dessen Kameras nehmen regelmäßig Fotos der Sonnenoberfläche auf. Darauf zu erkennen sind dunkle Sonnenflecken, die manchmal über Wochen bestehen bleiben. Obwohl sie klein aussehen, sind sie oft größer als die Erde.

Brodelnde Gase

Die Sonnenoberfläche ist ein brodelndes Meer aus heißen Gasen. Daraus steigen Gasfontänen auf, die vom Magnetfeld der Sonne zu Bögen geformt werden. Brechen sie zusammen, schleudern riesige Gasmassen als Sturm ins All. Bei besonders heftigen Sonnenstürmen sind die empfindlichen Satelliten und vor allem Astronauten bei Weltraumspaziergängen gefährdet. Werden starke Sonnenaktivitäten beobachtet, werden entsprechende »Wetterwarnungen« ausgegeben.

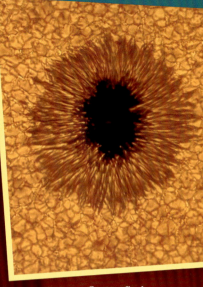

Sonnenflecken: Die Sonnenoberfläche ist etwa 5 500 Grad Celsius heiß. Die schwarzen Flecken sind etwa 1 000 Grad kälter. Sonnenflecken entstehen und vergehen. Manche halten sich nur wenige Stunden, andere sind wochenlang sichtbar.

Die Sonde SOHO funkt laufend aktuelle Daten über die Sonnenaktivität zur Erde.

Sonnenprotuberanzen können über eine Million Kilometer ins Weltall hinausragen. Manchmal heben solche Bögen auch ab.

Europas größtes und modernstes Sonnenteleskop GREGOR steht auf der Insel Teneriffa und kann sogar Störungen der Atmosphäre ausgleichen. So erhalten die Astronomen scharfe Bilder der Sonne.

Die Familie der Sonne

Der Merkur – mit Kratern übersät

Der Merkur ist der kleinste der acht Planeten und steht der Sonne am nächsten. Tagsüber ist es auf ihm so heiß wie in einem Pizzaofen, nachts hingegen eisig kalt. Die großen Temperaturunterschiede kommen dadurch zustande, dass dem Merkur Atmosphäre und Meere fehlen, die die Wärme speichern könnten. Könntest du auf dem Merkur landen, dann erschiene dir die Sonne zweieinhalbmal größer als auf der Erde. Dennoch wäre der Himmel auch tagsüber pechschwarz, denn der Merkur hat keine Gashülle, die das Licht streuen könnte. Da der Planet so klein ist, besitzt er nur eine sehr geringe Anziehungskraft und so konnte der Sonnenwind fast alle Gase seiner Atmosphäre ins All hinausblasen. Die Erde würdest du in der Merkurnacht nur als kleinen bläulichen »Stern« wahrnehmen.

 Schon gewusst?

Merkur ist ein Gesteinsplanet, so wie Venus, Erde und Mars. Einschläge von Meteoriten und Kometen haben in der Oberfläche Krater hinterlassen. Am Nordpol gibt es sogar Krater, in die nie ein Sonnenstrahl fällt. Dort könnte es im ewigen Schatten Eis geben.

Mariner 10

Bereits 1974 erreichte die Raumsonde Mariner 10 den Merkur und umkreiste ihn dreimal. Unglücklicherweise überflog sie dabei jedes Mal das gleiche Gebiet. Dann ging der Sonde der Treibstoff aus.

Der kleine und heiße Merkur besitzt so gut wie keine Atmosphäre und auch kein flüssiges Wasser. Ohne Wettereinflüsse verwittern die Einschlagskrater nicht.

Die Venus – tödlicher Zwilling der Erde

Die Venus ist der »Höllenplanet« des Sonnensystems. Wolken aus Schwefelsäure verhüllen die extrem heiße Oberfläche, auf der sogar Blei schmelzen würde. Die Atmosphäre ist hundertmal dichter als auf der Erde. Ungeschützt würdest du in Sekundenbruchteilen zerquetscht, von Schwefelsäure zerfressen und in der glühenden Hitze gebacken werden. Dabei gilt die Venus als Zwillingsplanet der Erde, zumindest was Aufbau und chemische Zusammensetzung angeht. Dennoch ist die Venus extrem lebensfeindlich. Sie ist der Sonne so nah, dass fast ihr ganzes Wasser verdampft ist. Stattdessen bildete sich eine Atmosphäre aus Kohlendioxid und anderen vulkanischen Gasen, die zu einem katastrophalen Treibhauseffekt geführt haben. Und der hat die Venusatmosphäre stark aufgeheizt.

Die Radarmessungen der Magellan-Sonde (1990–94) offenbarten, dass die Venus ein Vulkanplanet ist. 50 000 Vulkane speien Schwefeldioxid und Kohlendioxid aus. Wahrscheinlich hat die Venus eine extrem dünne Gesteinskruste, die leicht von Magma durchstoßen wird.

Vorsicht, heiß!
Diese »Pfannkuchen« sind Vulkane. Diese für die Venus typischen Bergkuppen haben einen Durchmesser von 25 km und sind 750 m hoch. Die zähflüssige Lava erstarrte, bevor sie abfließen konnte. Beim Abkühlen schrumpfte die Oberfläche der Kuppeln und es bildeten sich Risse.

→ Rekord
464 °C
heiß ist es durchschnittlich auf der Venus – die ideale Temperatur zum Bleigießen.

Fotogrüße aus der Hölle. 1982 landete die russische Raumsonde Venera 13 mit dem Fallschirm auf der Venus. Die Fotos der Oberfläche zeigen eine orangefarbene Ödnis mit Felsbrocken und Überresten eines Lavaflusses. Die Sonde gab bereits nach zwei Stunden ihren Dienst auf.

Die Erde – ein Wasserplanet

72 % der Erdoberfläche sind mit Wasser bedeckt.

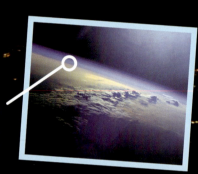

Die Atmosphäre der Erde ist etwa zehn km dick. In dieser hauchdünnen Hülle spielt sich das Wetter ab.

Die Erde ist ein Wasserplanet. Sie besitzt als einziger Planet unseres Sonnensystems flüssiges Wasser auf der Oberfläche. Wasser fällt als Regen und Schnee, Wasser fließt in Bächen, Flüssen und gewaltigen Strömen in die Ozeane. Die Eismassen der Arktis und Antarktis und die Gletscher in den Bergen bestehen aus jahrtausendealtem Wasser. Auch in der Atmosphäre ist viel Wasser gespeichert, einen Teil davon sehen wir als Wolken.

Leben auf dünner Kruste

Die Erde ist auch der einzige Planet mit einer Gesteinskruste, die aus mehreren Platten besteht. Die Kruste ist verhältnismäßig dünn und durchschnittlich nur 35 Kilometer dick. Wenn die Platten der Erdkruste aneinander reiben oder wenn sie sich untereinander schieben, führt dies zu Erdbeben und Vulkanausbrüchen. Prallen zwei Platten aufeinander, falten sich ganze Gebirge auf. So sind gewaltige Gebirgszüge wie der Himalaja, die Anden oder die europäischen Alpen entstanden.

Einzigartig – aber warum?

Die Erde hat die optimale Entfernung zur Sonne, denn sie zieht ihre Bahn genau in der Mitte der bewohnbaren Zone. Dort ist es nicht zu heiß und auch nicht zu kalt. Deshalb liegt Wasser in flüssiger Form vor. Zusätzlich besitzt die Erde gerade die richtige Masse und damit die richtige Anziehungskraft, um ihre Atmosphäre festhalten zu können. Die Atmosphäre enthält Sauerstoff, der für uns lebenswichtig ist. Eine besondere Form von Sauerstoff, das Ozon, bildet einen Schutzmantel gegen schädliche, ultraviolette Strahlung. Und schließlich besitzt die Erde ein Magnetfeld, das tödliche, kosmische Strahlung und elektrisch geladene Teilchen um die Erde herumleitet. Der Riesenplanet Jupiter hingegen stabilisiert unser Klima. Seine gewaltige Gravitation verhindert nämlich, dass die Erdachse ständig umkippt. Die dadurch stabilen Jahreszeiten und Klimazonen waren für die Entwicklung des Lebens auf der Erde eine wichtige Voraussetzung.

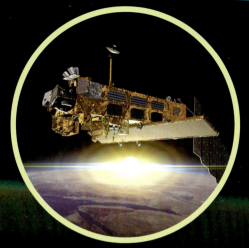

Solche Satelliten überwachen die Kontinente, die Ozeane und das Wettergeschehen.

Millionenstadt Kairo
Weil fast ganz Ägypten aus Wüste besteht, sind nur die fruchtbaren Nilufer und das Nildelta dicht besiedelt.

Die Nachtsicht auf die Erde
Planet mit Zivilisation. Der Mensch hat fast den ganzen Planeten besiedelt. Ein Lichtermeer zeigt Städte und wo Küsten verlaufen.

➡ Schon gewusst?

Eine Gashülle, Wasser und Sonnenlicht: das alles musste zusammenkommen, damit das Wunder des Lebens auf der Erde entstehen konnte. Aus einfachen Bakterien bildeten sich mehrzellige Lebewesen und am Ende einer langen Entwicklung schließlich auch der Mensch. In unserem Sonnensystem gibt es kein anderes intelligentes Leben. Doch könnten möglicherweise Zivilisationen in fernen Sonnensystemen entstanden sein, auf Planeten, die um andere Sterne kreisen.

Vorsicht, Vulkane!

Die Erde ist ein Vulkanplanet, doch bei Weitem nicht so extrem wie die Venus. Vor allem an den Rändern der Kontinentalplatten dringt flüssiges Gestein an die Oberfläche. Bei Eruptionen verteilt sich feinste Vulkanasche über weite Gebiete. Aschewolken wie die des Vulkans Cleveland auf den Aleuten in Alaska sieht man sogar aus dem All.

Die Familie der Sonne

Der Mond – unser Begleiter

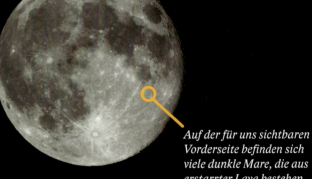

Auf der für uns sichtbaren Vorderseite befinden sich viele dunkle Mare, die aus erstarrter Lava bestehen.

Der Mond ist im Vergleich zur Erde recht groß, sodass Erde und Mond eigentlich ein Doppelplanetensystem bilden. In einem Monat umrundet der Mond die Erde einmal. Dabei dreht er sich genauso schnell um sich selbst wie er um die Erde kreist. Deshalb sehen wir ihn auch immer von der gleichen Seite. Der Mond besteht aus Gestein, aber auch Eisen, Aluminium und Magnesium sind vorhanden. Die dunklen Flecken auf dem Mond sind Tiefebenen, auch Mare genannt, während die hellen Flächen von Hochebenen gebildet werden. Da es auf dem Mond keine Atmosphäre gibt, schlagen Meteoriten ungehindert auf seiner Oberfläche ein und haben sie im Laufe der Zeit pulverisiert. Grauer Mondstaub bedeckt die Mondoberfläche meterdick. Das Innere des Mondes ist teils fest und teils flüssig. Unseren Mond verdanken wir übrigens einem gewaltigen Zusammenstoß der Erde mit einem anderen Planeten. Dabei wäre die Erde beinahe vernichtet worden.

Der Mann auf dem Mond

12 Männer haben den Mond bisher betreten und ein 13. Mann liegt dort sogar begraben. Der Wissenschaftler Gene Shoemaker hatte den Astronauten beigebracht, wie man Gesteine bestimmt. Nach seinem Tod nahm die Raumsonde »Lunar Prospector« einen Teil seiner Asche mit zum Mond. Die NASA ehrte ihn so für seinen Beitrag zum Apollo-Programm. Shoemaker ist bis heute der einzige Mensch, der auf dem Mond begraben liegt.

Menschen auf dem Mond

Apollo 11. Im Jahr 1969 betreten Menschen den Mond. Weil es auf dem Mond keine Atmosphäre oder Wettereinflüsse gibt, wird dieser Stiefelabdruck noch in Jahrmillionen zu sehen sein.

Apollo-Programm

Der Mond ist bis jetzt der einzige Himmelskörper, auf dem Menschen gelandet sind. Die Astronauten des amerikanischen Apollo-Programms haben Mondspaziergänge unternommen, dabei Mondgestein eingesammelt und mit zur Erde gebracht.

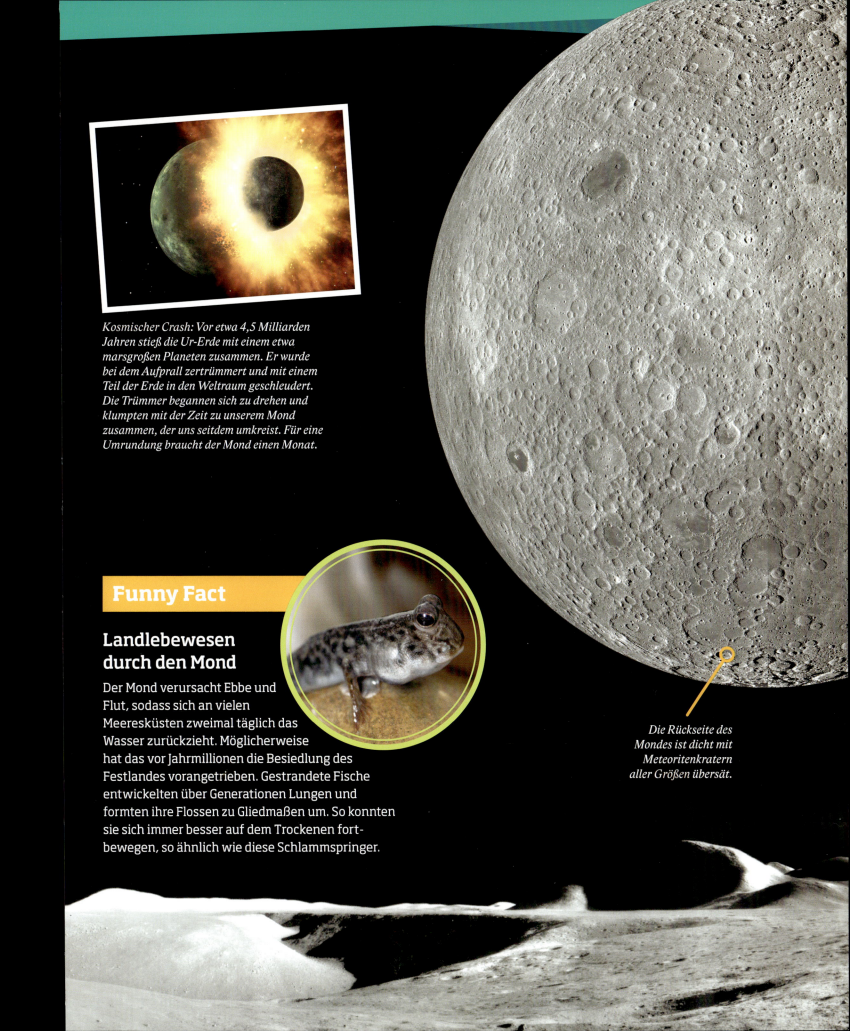

Kosmischer Crash: Vor etwa 4,5 Milliarden Jahren stieß die Ur-Erde mit einem etwa marsgroßen Planeten zusammen. Er wurde bei dem Aufprall zertrümmert und mit einem Teil der Erde in den Weltraum geschleudert. Die Trümmer begannen sich zu drehen und klumpten mit der Zeit zu unserem Mond zusammen, der uns seitdem umkreist. Für eine Umrundung braucht der Mond einen Monat.

Funny Fact

Landlebewesen durch den Mond

Der Mond verursacht Ebbe und Flut, sodass sich an vielen Meeresküsten zweimal täglich das Wasser zurückzieht. Möglicherweise hat das vor Jahrmillionen die Besiedlung des Festlandes vorangetrieben. Gestrandete Fische entwickelten über Generationen Lungen und formten ihre Flossen zu Gliedmaßen um. So konnten sie sich immer besser auf dem Trockenen fortbewegen, so ähnlich wie diese Schlammspringer.

Die Rückseite des Mondes ist dicht mit Meteoritenkratern aller Größen übersät.

Mars – der rostige Planet

Der Mars wird häufig als der »rote Planet« bezeichnet, weil er am Nachthimmel auffallend blutrot leuchtet. Die alten Römer gaben ihm deshalb den Namen ihres Kriegsgottes Mars. Heute wissen wir, dass Rost im Marsgestein für die rote Farbe des Planeten verantwortlich ist.

Bitterkalte Nächte

Der Mars ist der vierte Planet im Sonnensystem. Er umkreist die Sonne in einer durchschnittlichen Entfernung von 228 Millionen Kilometern. Er ist somit eineinhalbmal weiter von der Sonne entfernt als die Erde. Deshalb ist es auf dem Mars kälter als bei uns auf der Erde. Der Sommer in Äquatornähe kann zwar recht warm sein, aber die Durchschnittstemperatur liegt bei 63 Grad Celsius unter Null und ist somit mit dem Winter in der Antarktis vergleichbar. Besonders die Nächte sind bitterkalt. Die Luft ist hundertmal dünner als auf der Erde und besteht größtenteils aus Kohlendioxid. Doch die dünne Atmosphäre ist stürmisch und wirbelt rote Staubwolken auf. Manchmal fegen diese mit großer Geschwindigkeit über den Planeten hinweg und versperren den Astronomen die Sicht auf die Oberfläche.

Gibt es Wasser auf dem Mars?

In vielen Punkten ist der Mars der erdähnlichste aller Planeten. Ein Mars-Tag dauert 24 Stunden und 37 Minuten und damit nur wenig länger als ein Tag auf der Erde. Die Rotationsachse des Mars ist ähnlich geneigt wie die der Erde. So gibt es auch auf dem Mars Jahreszeiten. Sowohl auf dem Mars als auch auf der Erde sind die Pole mit weißen Kappen bedeckt. Allerdings sind die Eiskappen auf dem Mars kleiner und dünner. Sie dehnen sich im Winter schnell aus und verschwinden im Sommer beinahe vollständig. An den Mars-Polen ist es so kalt, dass die Eiskappen neben Wasser auch gefrorenes Kohlendioxid enthalten. Auf dem Mars finden wir kein flüssiges Wasser: keine Flüsse, keine Seen, auch keine Meere! Es gibt aber Anzeichen dafür, dass der Mars in früheren Zeiten wärmer und feuchter war. Sich durch den Marsboden schlängelnde Rinnen könnten ausgetrocknete Flussbetten sein. Wahrscheinlich regnete und schneite es damals auch. Einigen Wissenschaftlern zufolge war die nördliche Marshälfte damals von einem großen Ozean bedeckt. Wo aber ist dieses Wasser geblieben? Ein Teil davon könnte in den Weltraum verloren gegangen sein. Vielleicht befindet sich der Rest in Form von Eis im Boden.

Gibt es Leben auf dem Mars?

Es gibt keine Kühe, keine Schafe und keine Menschen auf dem Mars, und auch keine Grünen Männchen. Aber es könnten sich früher einmal einfache Lebensformen gebildet haben. Vielleicht verbergen sich diese Mikroorganismen auch heute noch im Marsboden. Die Marssonden suchen fieberhaft danach. Sollten sie auf solches Leben auf dem Mars stoßen, so wäre dies der erste Beweis dafür, dass wir nicht allein sind im Universum.

In der dünnen Atmosphäre des Mars toben häufig Sandstürme.

Reifenspuren des Marsrovers

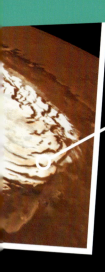

Der eisige Nordpol des Mars

Eis und Staub bilden diese kilometerdicke Eisspirale. Forscher vermuten, dass sie große Wasservorkommen in Form von Eis enthält. Eine Sensation auf dem ansonsten staubtrockenen Wüstenplaneten.

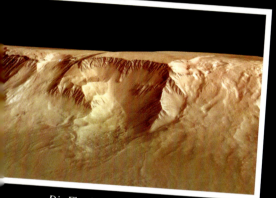

Die Flanke von Olympus Mons, dem größten Vulkan im ganzen Sonnensystem. Er ist größer als England und dreimal höher als der Mount Everest, der höchste Berg der Erde.

Narbengesicht

Das Valles Marineris ist ein riesiges Grabensystem. Die Täler sind wahrscheinlich entstanden, als sich die Oberfläche des Mars ausdehnte und dabei auseinanderbrach. Die Canyons sind 5 000 Kilometer lang und so breit, dass du von einer Seite nicht zur anderen sehen kannst.

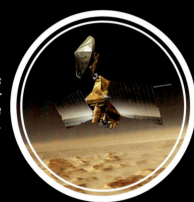

Die Raumsonde Mars Reconnaissance Orbiter erstellt genaue Karten der Marsoberfläche.

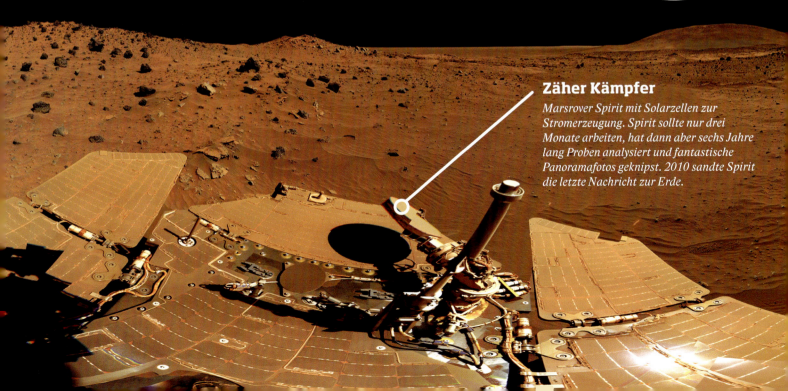

Zäher Kämpfer

Marsrover Spirit mit Solarzellen zur Stromerzeugung. Spirit sollte nur drei Monate arbeiten, hat dann aber sechs Jahre lang Proben analysiert und fantastische Panoramafotos geknipst. 2010 sandte Spirit die letzte Nachricht zur Erde.

Der Jupiter – keiner ist größer

Durch das Teleskop betrachtet, sieht Jupiter wie ein riesiger, gestreifter Ball aus. Doch das, was wir sehen, ist keine feste Oberfläche, sondern die Atmosphäre des Jupiter, die aus Wasserstoff und Helium besteht. Die dunklen und hellen Streifen sind breite Wolkenbänder, die sich um den ganzen Planeten ziehen. Während die Erde nur einen einzigen Mond hat, umkreisen Jupiter mindestens 67 Monde. Das Ringsystem des Jupiters kann man selbst mit den größten Teleskopen der Erde nicht erkennen. Die Ringe sind so dunkel und dünn, dass man sie nur mit Raumsonden und aus der Nähe beobachten kann.

➡ Rekord
1 300-mal
passt die Erde in den Jupiter hinein. Der Jupiter ist der größte Planet des Sonnensystems.

Lichtspektakel: Über den Polen des Jupiters leuchten manchmal Polarlichter.

Urlaub auf dem Jupiter?

Von einer Landung auf dem Jupiter wird dringend abgeraten. Zuerst müsstest du seine dichte und stürmische Gashülle durchdringen. Je tiefer du gehst, umso höher wird der Druck. Wahrscheinlich befindet sich unter der Jupiteratmosphäre eine Schicht mit flüssigem Wasserstoff, und darunter eine Schicht aus festem, metallischen Wasserstoff. Der Kern des Jupiter ist fest und besteht aus Metallen, metallischem Wasserstoff und Gestein.
Du würdest mit Sicherheit in deiner Landefähre zermalmt, noch bevor du festen Boden unter den Füßen hast.

Todesstrahlung

Das Magnetfeld des Jupiters ist nicht nur sehr stark, es ist auch sehr launisch und verändert sich häufig. Dieses Magnetfeld

Angeberwissen

▶ Was nur wenige wissen: Der Jupiter hat ein Ringsystem aus feinem Staub, das jedoch nur wenig Licht reflektiert. Deshalb sind die Ringe bei Weitem nicht so beeindruckend wie die des Saturn.

Mond Io
ist gelb wie der Schwefel, der aus seinen Vulkanen strömt.

Mond Europa
ist mit Eis überzogen. Darunter vermuten die Forscher einen riesigen Ozean.

Mond Ganymed
besitzt einen Kern aus Metall und Gestein.

Mond Kallisto
zeigt helle Einschlagskrater auf der ansonsten dunklen Eisschicht.

beschleunigt Elektronen – das sind negativ geladene Elementarteilchen – auf beinahe Lichtgeschwindigkeit. Dabei entsteht eine enorm gefährliche Strahlung, die die Physiker Synchrotronstrahlung nennen. 1995 schickte die NASA eine Tochtersonde der Raumsonde Galileo in die Jupiteratmosphäre hinein. Am Fallschirm hängend, sandte die Sonde nur rund eine Stunde lang Daten zur Erde. Kurz bevor sie den Geist aufgab, war der Druck 22-mal so stark wie auf der Erde, und die Temperatur betrug 150 Grad Celsius.

Explosive Aussicht
Vom Mond Io mit seinen Vulkanen könnte der Blick auf Jupiter so aussehen wie es diese 3-D-Simulation zeigt.

Die Sonde Galileo hat Jupiter und seine Monde erforscht. Damit keine irdischen Bakterien auf die Monde gelangen, ließ man die Sonde 2003 in der Jupiteratmosphäre verglühen.

Der Saturn – Planet mit den schönsten Ringen

Der Saturn ist von der Sonne doppelt so weit entfernt wie der Jupiter. Wie beim Jupiter kann man auch beim Saturn keine Landung empfehlen. Seine dichte Atmosphäre aus Wasserstoff und Helium umgibt einen festen Gesteinskern. Der Saturn ist zwar 95-mal so schwer wie die Erde. Weil er aber gewaltig groß ist, ist er so leicht, dass er sogar auf Wasser schwimmen würde.

Statt Flecken Ringe

Der Saturn zählt wie der Jupiter zu den Gasriesen. Mit dem Teleskop sehen wir seine gelbliche Atmosphäre mit dunklen und etwas helleren Wolkenbändern. Mit Wirbelstürmen, wie auf dem Jupiter, kann der Saturn nicht aufwarten. Dafür aber besitzt er ein sehr beeindruckendes Ringsystem. Die Forscher schätzen die Zahl der Ringe auf 100 000. Die Ringe bestehen aus Gesteinsbrocken, Eisklumpen und Staub und sind zum Teil nur einige Meter dick. Auch die anderen drei Gasplaneten Jupiter, Uranus und Neptun haben Ringe, die man jedoch nur aus der Nähe erkennen kann. Mindestens 62 Monde umkreisen den Saturn. Die inneren Monde befinden sich im Ringsystem. Sie sausen mit den Ringen zusammen um den Saturn und halten die Ringe in ihrer Position. Man nennt sie auch »Hirtenmonde«. Die Monde drehen sich in Rotationsrichtung des Saturn um ihn herum. Nur der Mond Phoebe kreist entgegengesetzt. Wahrscheinlich ist er ein Planetoid, der von der Schwerkraft des Saturn eingefangen wurde.

Zum Eismondozean

Noch hat kein Mensch je einen Eismondozean gesehen. Eismondozeane existieren bisher nur in der Vorstellung der Wissenschaftler. Sie verstehen darunter ein riesiges, zugefrorenes Meer auf einem Mond. Einen solchen Eismondozean könnte es auf den Jupitermonden Europa, Ganymed, Kallisto oder Enceladus geben. Auf Enceladus wurden bereits aktive Geysire beobachtet. Mit Sonden soll weiter geforscht werden. Ein Kryobot könnte auf Enceladus landen und sich durch eine 80 km dicke Eisschicht schmelzen. Im Ozean angelangt, würde er einen Hydrobot freisetzen, der eigenständig den Ozean durchtaucht und mit seinen Instrumenten erforscht.

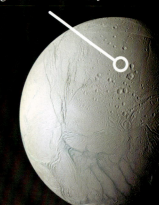

Mond Enceladus
Seine von Eis und Schnee bedeckte Oberfläche glänzt strahlend weiß.

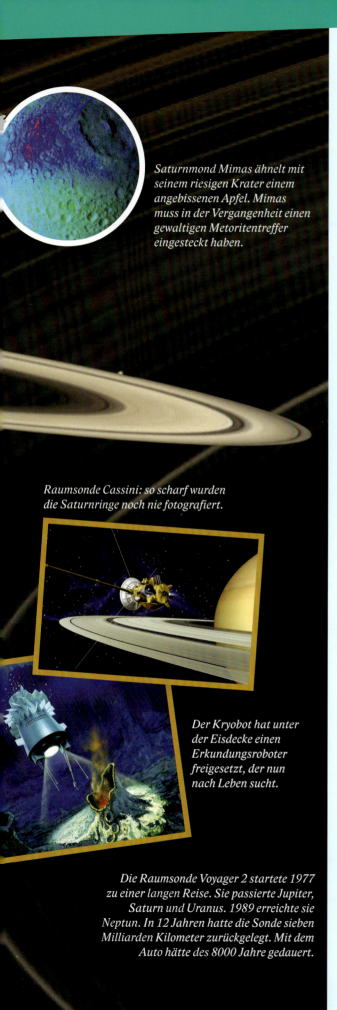

Saturnmond Mimas ähnelt mit seinem riesigen Krater einem angebissenen Apfel. Mimas muss in der Vergangenheit einen gewaltigen Metoritentreffer eingesteckt haben.

Raumsonde Cassini: so scharf wurden die Saturnringe noch nie fotografiert.

Der Kryobot hat unter der Eisdecke einen Erkundungsroboter freigesetzt, der nun nach Leben sucht.

Die Raumsonde Voyager 2 startete 1977 zu einer langen Reise. Sie passierte Jupiter, Saturn und Uranus. 1989 erreichte sie Neptun. In 12 Jahren hatte die Sonde sieben Milliarden Kilometer zurückgelegt. Mit dem Auto hätte des 8000 Jahre gedauert.

Der Uranus – gekippter Eisplanet

Der Uranus scheint in der Vergangenheit einen gewaltigen Schubs abbekommen zu haben, denn die Achse, um die er sich heute dreht, liegt ganz flach. So wird immer einer seiner Pole direkt von der Sonne beschienen. Weil der Uranus 84 Jahre für eine Umrundung der Sonne benötigt, wird jeder Pol 42 Jahre lang von der Sonne angestrahlt, die anderen 42 Jahre herrscht dort Finsternis. Die Astronomen rätseln immer noch, warum der Uranus derart gekippt auf der Seite liegt.

Warum ist der Uranus blau?

Der Uranus erscheint blaugrün, weil seine Atmosphäre, die aus Wasserstoff, Helium und Methan besteht, das rote Licht absorbiert und nur den blauen Anteil des Lichts reflektiert. In den Wolken des Uranus ist es bitterkalt, nämlich minus 210 Grad Celsius. Die Atmosphäre zeigt, anders als bei Jupiter und Saturn, kaum Streifen und Wirbel. Der Uranus hat wie alle vier Gasplaneten Ringe. Mindestens 27 Monde aus Gestein und Eis umkreisen ihn.

Die Oberfläche des Uranusmondes Ariel ist mit Rissen, Tälern und Kratern übersät.

Der Mond Miranda sieht mitgenommen aus. Forscher vermuten, dass der Mond schon einmal auseinandergebrochen und dann wieder zusammengewachsen ist.

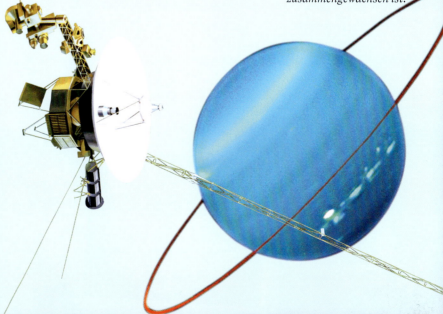

Der Neptun – blauer Sturmplanet

Neptun ist der äußerste Planet unseres Sonnensystems. Neptun ist ähnlich groß wie Uranus. Doch während Uranus die Sonne fast liegend umkreist, steht der Neptun nahezu aufrecht. Auch erscheint er deutlich blauer als Uranus, denn die Atmosphäre enthält mehr Methan. Das Neptunjahr dauert 165 Jahre. Solange braucht Neptun, um einmal die Sonne zu umkreisen. Weil der Planet erst 1846 entdeckt wurde, konnten die Astronomen bis zum Jahr 2011 nur einen einzigen Umlauf des Neptuns um die Sonne mitverfolgen. Mindestens 13 Monde umkreisen Neptun.

Hurrikans und Wolkenmeere

Der Neptun hat hoch oben in der Atmosphäre weiße Wolkenbänder. Manchmal zeigen sich ovale, dunkle Sturmgebiete. Auf dem tiefblauen Planeten toben unglaubliche Stürme mit einer Geschwindigkeit von rund 2 000 km/h, zehnmal heftiger als die Windgeschwindigkeiten in einem Hurrikan auf der Erde. Auf keinem anderen Planeten gibt es mehr und stärkere Stürme als auf dem Neptun.

Der tiefblaue Neptun ist nach dem römischen Meeresgott benannt. Tief unter der dichten Atmosphäre liegt vermutlich ein Kern aus festem Eis und Fels verborgen.

Kalter Vulkanismus. Auf dem Neptunmond Triton schießen Geysire durch eine Eiskruste hindurch bis zu 8 km hohe Fontänen aus flüssigem Stickstoff und Gesteinsstaub ins All.

→ Schon gewusst?

Früher war der Pluto der äußerste und neunte Planet unseres Sonnensystems. Er war zugleich der kleinste Planet. Doch dann entdeckten die Astronomen noch weitere, ähnlich kleine Himmelskörper außerhalb der Neptun-Bahn. Es schien unmöglich, dass dies alles ebenfalls Planeten sein sollten. Seit dem Jahr 2006 bezeichnet man Pluto und all diese kleineren Himmelskörper als Zwergplaneten. Plutos Zuhause ist der Kuipergürtel.

Angeberwissen

- Ist der Brocken im All, heißt er Meteoroid.
- Das Leuchten, das wir sehen, wenn ein solcher Brocken in die Atmosphäre eintritt, heißt Meteor.
- Das, was am Boden ankommt, heißt Meteorit.

Besucher aus dem All! Ein großer Meteorit ist vor langer Zeit in der Wüste gelandet und wird nun ausgegraben.

Asteroiden, Zwergplaneten und Planeten

In unserem Sonnensystem tummeln sich außer den Planeten noch zahlreiche kleinere Objekte aus Gestein, Metall oder Eis. Diese können so winzig wie Staubkörner sein, aber auch so groß wie Häuser. Solche Brocken nennt man Meteoroide. Täglich prasseln unzählige solcher Brocken auf die Erde nieder. Die meisten sind klein und verglühen vollständig in der Atmosphäre. Wir sehen sie als Sternschnuppen oder, wenn sie heller leuchten, als Meteore. Größere Brocken aber verglühen nicht ganz und fliegen zum Erdboden. Solche Meteorite findet man besonders leicht in Sandwüsten oder im Eis der Antarktis, weil sie auf dem unbewachsenen Boden gut sichtbar sind.

Zwerge und Kleinkram

Große Felsbrocken heißen dagegen Asteroiden. Sie reflektieren wie die Planeten das Sonnenlicht und wie diese verändern sie auch ihre Position. Von der Erde aus erscheinen sie als winzige Pünktchen und sind meist nur im Fernrohr zu sehen. Raumsonden haben einige von ihnen besucht und fotografiert. Die Asteroiden bestehen aus Gestein, Metall oder einer Mischung aus beidem. Die meisten kreisen zwischen den Bahnen von Mars und Jupiter. Diese Region heißt auch Asteroidengürtel. Außerhalb der Neptunbahn erstreckt sich ein zweiter Asteroidengürtel, der sogenannte Kuipergürtel. Manche dieser Himmelskörper sind so groß, dass sie Kugelform angenommen haben. Weil sie aber kleiner sind als die Planeten, werden diese Objekte einfach Zwergplaneten genannt.

Kosmische Vagabunden

Kometen bestehen aus Staub und Eis. Kommen sie auf ihrer Bahn der Sonne nahe, verdampft ein Teil des Kometen und es bildet sich ein Schweif aus Gas und Staub. Dieser kann 250 Millionen Kilometer lang sein. Meist sieht man zwei Schweife. Der eine besteht aus Staub und reflektiert einfach nur das Sonnenlicht, der andere aus leuchtendem Gas, ähnlich wie in einer Neonröhre. Manche Kometen kehren regelmäßig wieder, so der berühmte Halleysche Komet, der alle 76 Jahre in die Nähe der Sonne kommt, sodass wir ihn sehen können. Diese periodischen Kometen stammen wahrscheinlich aus der Oortschen Wolke, die unser Sonnensystem wie eine riesige Kugelschale umhüllt. Dort könnten sich eine Billion Kometen befinden. Das sind eine Million mal eine Million Kometen.

Der Komet Shoemaker-Levy-9 zerbrach in über 20 Teile. Diese stürzten im Jahr 1994 nacheinander in die Atmosphäre des Jupiter, wo sie zu gewaltigen Explosionen führten. Die Raumsonde Galileo war zu dieser Zeit auf dem Weg zum Jupiter und konnte den sensationellen Absturz fotografieren.

Unglaublich!

Im Jahr 2005 landete die japanische Sonde Falcon als erste Raumsonde auf einem Asteroiden und konnte auch wieder von ihm starten. Wissenschaftler denken darüber nach, größere Asteroiden, die auf Kollisionskurs mit der Erde sind, mit einer Raumsonde an der Erde vorbeizulenken.

Mit Power zu den Planeten

Das amerikanische Spaceshuttle bestand aus drei Komponenten. Die Flüssigtreibstoffe im roten Außentank trieben die Raketenmotoren des huckepack sitzenden Spaceshuttles an. Die seitlich angebrachten Booster waren Feststoffraketen. Sobald sie ausgebrannt waren, wurden sie abgestoßen. Sie fielen ins Meer und konnten wiederverwendet werden. Der Außentank fiel später ab und verglühte größtenteils in der Atmosphäre. In die Umlaufbahn gelangte nur das Spaceshuttle selbst, das nach dem Ende seiner Mission wie ein Flugzeug auf einer Piste landen konnte. 2011 wurde das Programm eingestellt.

Verflixte Erdanziehung! Du kannst noch so sehr versuchen, nach oben zu springen, die Schwerkraft holt dich jedes Mal auf den Boden zurück. Um die Schwerkraft der Erde zu überwinden, musst du extrem schnell sein. Um zum Mond zu gelangen, benötigst du mindestens eine Geschwindigkeit von 11,3 Kilometern pro Sekunde, das sind 40 000 Kilometer in der Stunde. Nur eine Rakete ist so schnell.

Wie funktioniert eine Rakete?

Eine Rakete funktioniert wie ein aufgeblasener Luftballon, den du davonzischen lässt. Die Luft, die hinten entweicht, drückt den Ballon nach vorne. Ein Luftballon würde auch im Vakuum des Weltalls davonsausen. Im Raketenmotor verbrennt der Treibstoff und erzeugt extrem heiße Gase, die mit hoher Geschwindigkeit aus den Düsen strömen und so die Rakete vorwärts treiben.

Keine Luft, keine Reibung

Die Planeten sind weit voneinander entfernt, und es gibt keine Tankstellen im All. Zum Glück müssen die Triebwerke eines Raumschiffs nicht ständig laufen. Es genügt, die Triebwerke nur kurz einzuschalten. Ohne Luft gibt es auch keine Reibung im All, die die Rakete abbremsen würde.

Die europäische Trägerrakete Ariane 5 ist ebenfalls eine mehrstufige Rakete. Die beiden seitlichen Feststoffraketen werden abgeworfen, sobald sie ausgebrannt sind. Die Rakete ist so stark, dass sie in ihrem Nutzlastbehälter unter der Spitze bis zu drei Satelliten aufnehmen kann.

Treibstoff benötigst du nur, um schneller oder langsamer zu werden oder um die Flugrichtung zu ändern.

Kostenloser Schwung

Um Treibstoff zu sparen, steuern die Planer einer Weltraummission ihre Raumsonde manchmal sehr nahe an einen Planeten heran. Dessen Schwerkraft zieht das Raumschiff an und gibt ihm neuen Schwung. Dieses Swing-By-Manöver ist sehr schwierig zu berechnen, und es müssen oft große Umwege geflogen werden. Dafür ermöglicht dieser Trick lange Reisen im Sonnensystem, ganz ohne nachzutanken.

Trägerraketen

Die meisten großen Raketen sind Flüssigraketen. Der flüssige Treibstoff und der flüssige Sauerstoff sind in getrennten Tanks. Über Rohrleitungen werden beide Stoffe in die Brennkammer geleitet. Die heißen Verbrennungsgase strömen aus der Düse und treiben die Rakete voran. Damit die Rakete möglichst wenig von der Luft abgebremst wird, ist sie oben ganz spitz. Unterhalb der Spitze ist Platz für die Nutzlast, etwa eine Raumkapsel mit Astronauten darin, Satelliten oder Raumsonden.

Mehrstufige Raketen

Das hohe Gewicht des Treibstoffs macht Raketen schwer. Um Treibstoff zu sparen, werden mehrstufige Raketen gebaut. Sobald der Treibstoff- und der Sauerstofftank der ersten Stufe leer sind, wird diese abgetrennt. Sie fällt meist ins Meer. Die nun viel leichtere Rakete wird von der zweiten Stufe weiter angetrieben.

Angeberwissen

▶ Eine Silvesterrakete schafft es nicht ins All. Sie hat zu wenig Schub und brennt nicht lange genug. Um in den Orbit zu gelangen, müsste sie 28 440 km/h schnell sein.

Die Saturn V besteht aus drei Stufen

Apollo-Kommandokapsel
Triebwerk

Mondfähre

 Stufe

Wasserstofftank mit 253 000 Litern

Sauerstofftank mit 77 200 Litern

Triebwerk

Wasserstofftank mit 1 020 000 Litern

 Stufe

Sauerstofftank mit 331 000 Litern

4 schwenkbare, 1 starres Triebwerk

Sauerstofftank mit 1 315 000 Litern

 Stufe

Kerosintankank mit 811 000 Litern

Leitwerkflosse

4 schwenkbare, 1 starres Triebwerk

Die Saturn V ist so hoch wie ein 36-stöckiges Haus und 2 800 Tonnen schwer.

Die russische Sojus-Rakete wird liegend auf Gleisen zur Startrampe von Baikonur gefahren.

Die Raumfähre Atlantis mit geöffneter Ladebucht beim Anflug an die Internationale Raumstation ISS.

Mit Raketen ins All

Wo die Reise losgeht

Wo befinden sich die wichtigsten Weltraumbahnhöfe?

Cape Canaveral Florida, USA
Kourou Französisch-Guayana
Baikonur Kasachstan
Tanegashima Space Center Japan
Jiuquan China
Satish Dhawan Space Center Indien
San-Marco-Plattform Kenia

Äquator

Sinnamary – Atlantischer Ozean
VEGA-Zusammenbau- und Starteinrichtung
Ariane 5 Zusammenbau- und Starteinrichtung
Satellitenbodenstation
Transportgleis
Jupiter Kontrollzentrum
Treibstofffabrik und Boostereinbau
Gebäude für Satellitenvorbereitung (EPCU)
Kourou

Von hier aus starten die europäische Ariane 5 und die kleinere Vega-Rakete. In Sinnamary wurde eine Startrampe für die russische Soyus-Rakete gebaut.

Vier 80 m hohe Blitzableiter schützen die Rakete vor Blitzeinschlägen.

Countdown
Ist die Rakete mit Treibstoff betankt, alle Systeme überprüft, das Flugprogramm geladen, zählt der Operationsleiter im 12 km entfernten Jupiter-Kontrollzentrum die letzten 10 s herunter ... 3, 2, 1, décollage! Die Triebwerke werden gezündet!

Um eine Rakete zu starten, benötigst du einen Weltraumbahnhof. Von Cape Canaveral in Florida, USA starteten die berühmten Apollo-Flüge zum Mond und später die Spaceshuttles. Vom Kosmodrom in Baikonur, dem russischen Weltraumbahnhof in der Steppe von Kasachstan, treten Kosmonauten ihre Reise zur ISS an. Weltraumbahnhöfe gibt es inzwischen auch in China, Japan, Indien und Brasilien.

Europas Weltraumbahnhof

Der europäische Weltraumbahnhof Kourou in Französisch-Guayana ist eine der modernsten Abschussbasen der Welt. Die Anlage liegt mitten im tropischen Regenwald. Sie verfügt über drei Startrampen und viele weitere Technikgebäude für die Vorarbeiten. Alle europäischen Ariane-Trägerraketen starten von hier. Für die große Ariane-5-Superrakete wurde der Weltraumbahnhof eigens um den Startkomplex ELA-3 erweitert. Das Gelände umfasst die Abschussrampe, die Gebäude, in denen Raketen und Satelliten montiert und vorbereitet werden, sowie eine eigene Fabrik zur Herstellung von Treibstoff. Satelliten und Raketenstufen werden im Integrationsgebäude zusammengebaut. Die Trägerrakete wird dann auf einer mobilen Startplattform langsam über Gleise zum 90 Meter hohen Endmontagegebäude gerollt.

Ariane 1 bis 6

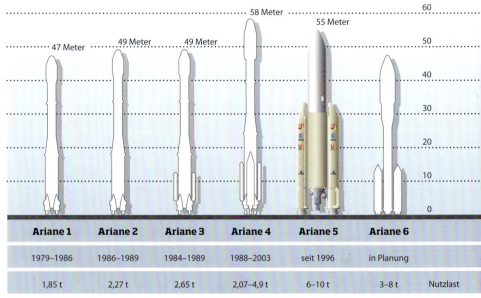

Die Familie der Ariane-Raketen. Mit der Ariane-5-Rakete hat Europa eine starke und zuverlässige Trägerrakete. Allerdings lohnt sich ein Start meist erst, wenn zwei größere Satelliten ins All befördert werden. Deshalb ist eine kleinere Ariane-6-Rakete in Planung, mit der auch einzelne Satelliten transportiert werden können.

Ariane 5

Eine typische Mission, bei der zwei Satelliten ausgesetzt werden.

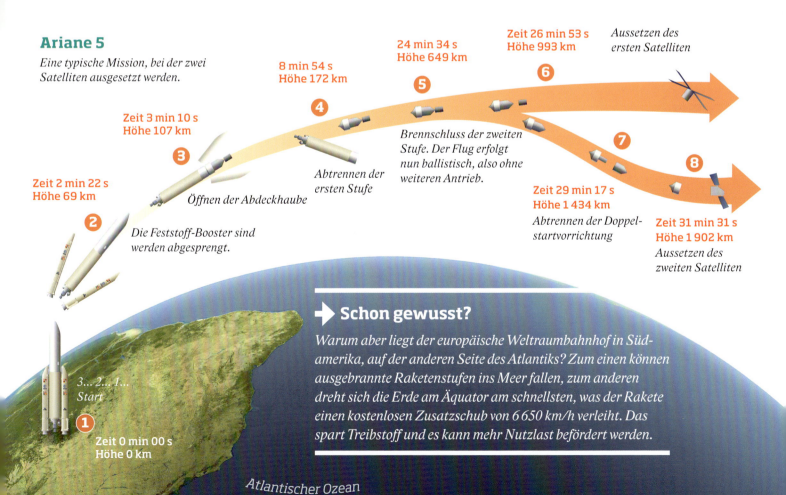

Schon gewusst?

Warum aber liegt der europäische Weltraumbahnhof in Südamerika, auf der anderen Seite des Atlantiks? Zum einen können ausgebrannte Raketenstufen ins Meer fallen, zum anderen dreht sich die Erde am Äquator am schnellsten, was der Rakete einen kostenlosen Zusatzschub von 6 650 km/h verleiht. Das spart Treibstoff und es kann mehr Nutzlast befördert werden.

Mit Raketen ins All

Meilensteine der Raumfahrt

4. Oktober 1957
Piep-piep-piep. Die Sowjetunion schießt den ersten künstlichen Satelliten in eine Erdumlaufbahn. Sputnik 1 ist eine Kugel mit einem Durchmesser von 58 Zentimetern, die nur ein Thermometer und einen Radiosender enthält. Dieser sendet 21 Tage lang sein Piepsignal zur Erde. Sputnik 1 ist der Startschuss zu einem Wettlauf ins All zwischen USA und Sowjetunion.

Sputnik 1

29. Juli 1958
Mit voller Kraft voran! Die USA wollen den sowjetischen Vorsprung im Weltall aufholen und gründen die NASA, die Nationale Luft- und Raumfahrtbehörde.

Nasa Emblem

16. Juni 1963
Die erste Frau im All ist Russin. Valentina Tereschkowa hat es von der Fabrikarbeiterin zur Kosmonautin geschafft. Ihr Flug dauert fast drei Tage.

Valentina Tereschkowa

20. Juli 1969
Apollo 11-Mission. Neil Armstrong betritt er als erster Mensch den Mond. 13 Minuten später verlässt auch Edwin Aldrin die Mondfähre. Die Amerikaner haben den Wettlauf zum Mond gewonnen.

Apollo 11

1957 — **1958** — **1961** — **1963** — **1968** — **1969**

Hund Laika — *Juri Gagarin* — *Alan Shepard* — *Apollo 8*

3. November 1957
Wuff! Die Mischlingshündin Laika startet mit Sputnik 2 ins All und umkreist die Erde. Allerdings stirbt sie nach wenigen Stunden an Stress und Überhitzung. Doch das wird vor der Öffentlichkeit verheimlicht.

12. April 1961
Der Kosmonaut Juri Gagarin startet mit einer Wostok-1-Rakete ins All und umrundet die Erde. Dafür benötigt er 108 Minuten. Als »Held der Sowjetunion« kommt sein Bild auf Briefmarken und Münzen. Die Amerikaner ärgern sich.

5. Mai 1961
Knapp verfehlt. Amerikas erster Mann im All, Alan Shepard, schafft es nicht bis in die Erdumlaufbahn. Sein Flug bringt ihn nur auf 187 km Höhe. Nach nur 15 Minuten ist er schon wieder auf der Erde.

24. Dezember 1968
Die drei Apollo 8-Astronauten Frank Borman, James Lovell und William Anders sehen als erste Menschen die Rückseite des Mondes.

14. Mai 1973
Die NASA schickt die Raumstation Skylab ins All. Diese besteht aus einer umgebauten dritten Saturn-V-Raketenstufe. Die Besatzung arbeitet und wohnt im Wasserstofftank. Der Sauerstofftank wird für die Abfälle benutzt. Vier Sonnensegel versorgen die Station mit elektrischer Energie.

Skylab im All

12. April 1981
Die Raumfähre Columbia hebt ab. Sie ist nach Kolumbus benannt, dem Entdecker Amerikas. Sie startet wie eine Rakete auf dem Weltraumbahnhof Cape Canaveral in Florida und landet zwei Tage später wie ein Flugzeug auf dem Militärflughafen Edwards Air Force Base.

Spaceshuttle

20. November 1998
Das erste Bauteil der Internationalen Raumstation ISS (International Space Station) gelangt in den Orbit. Russische Raketen und amerikanische Raumfähren bringen weitere Module und die Besatzung in die Umlaufbahn. An der ISS sind viele Länder beteiligt: die USA, Russland, Japan und Kanada sowie die europäischen Länder Belgien, Dänemark, Deutschland, Frankreich, Italien, die Niederlande, Norwegen, Schweden, die Schweiz und Spanien.

Die Raumstation ISS ein Jahr nach Baubeginn.

Per Express ins All
Mit einer Sojus-Rakete dauerte die Anreise zur ISS bislang 30 Erdumrundungen und zwei ganze Tage. 2013 gelang die Sensation: Dank einer verbesserten Steuerung wurden nur noch vier Erdumrundungen benötigt. Vom Start bis zum Andocken an die ISS vergingen keine sechs Stunden.

Start einer russischen Sojus-Rakete in Baikonur.

1971 — 1973 — 1975 — 1981 — 1984 — 1998 — 2004 — 2013

Raumstation Saljut 1

19. April 1971
Die Sowjetunion bringt Saljut 1, die erste Raumstation der Welt, in den Orbit. Die Station umkreist die Erde bis Oktober, dann verglüht sie in der Atmosphäre.

USA und Russland im All

17. Juli 1975
Aus Rivalen werden Freunde. Eine amerikanische Apollo-Kapsel und ein russisches Sojus-Raumschiff docken aneinander an. Die Besatzungen machen gemeinsam Experimente, tauschen Geschenke aus und essen miteinander.

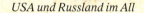

Bruce McCandless

11. Februar 1984
Der Amerikaner Bruce McCandless schwebt als erster Mensch ohne Sicherungsleine frei im Weltall.

SpaceShipOne

21. Juni 2004
Der erste private bemannte Weltraumflug. Das Raumschiff SpaceShipOne kratzt am Weltall. Trotz technischer Schwierigkeiten erreicht es eine Höhe von 109 Kilometer. Ab 100 Kilometer beginnt offiziell der Weltraum.

Astronauten

Der teuerste Anzug der Welt

Ein Raumanzug kostet etwa 10 Millionen Dollar. Dafür bekommt man nicht nur eine hochwertige Berufsbekleidung, sondern ein »Ein-Mann-Raumschiff«. Der Raumanzug schafft ein erträgliches Klima, versorgt den Astronauten mit Sauerstoff und hält sogar Mikrometeoriten ab. Würde ein Astronaut seine Kapsel oder die Raumstation ohne Raumanzug verlassen, wäre er nach 15 Sekunden bewusstlos und sein Blut würde zu gefrieren beginnen. Dank des Raumanzuges machen dem Astronauten selbst extreme Temperaturen von minus 150 °C bis 120 °C nichts aus. Die Anzüge der NASA enthalten reinen Sauerstoff mit einem Druck, der einem Drittel des Drucks der Erdatmosphäre entspricht.

Helm
Das Visier ist mit Gold beschichtet und schützt die Augen vor dem grellen Sonnenlicht.

Sichthilfen
Auf jeder Seite des Helms sind Kameras und Lampen angebracht.

Kopfsprechhörer
Im Helm befinden sich Lautsprecher und ein Mikrofon. Über Funk sprechen die Astronauten miteinander und mit dem Kontrollzentrum auf der Erde. Weil die Funkwellen über eine Sekunde zur Erde brauchen, entstehen bei Gesprächen mit der Kontrollstation kurze Pausen.

Die Instrumententafel
vor der Brust des Astronauten versorgt ihn mit Energie, überwacht das Lebenserhaltungssystem und sorgt für die Sprechverbindung zu den Kollegen im All und in der Bodenstation.

Gasdichter Anzug
Der Raumanzug ist aus mehreren Schichten aufgebaut. Weil er unter Druck steht, ist er sehr steif. Damit sich der Astronaut darin bewegen kann, sind besondere Gelenkstücke eingebaut. Die äußeren Schichten sind aus besonderen hitze- und reißfesten Materialien.

Weltraummode von morgen

Ein Anzug, den auch Superhelden tragen würden. Noch in der Entwicklung befindet sich der BioSuit, ein bequemer, leichter und elastischer Anzug. Die alten Apollo-Raumanzüge waren klobig und unbeweglich. Der neue Raumanzug liegt hauteng an und verschafft mehr Bewegungsfreiheit. Die ersten Mars-Astronauten könnten solche Anzüge tragen.

Lebenserhaltungssystem

Auf dem Rücken trägt der Astronaut alles, was er zum Überleben braucht: Batterien, Wasser zum Kühlen des Anzugs, Sauerstoff zum Atmen und eine Substanz, die das ausgeatmete Kohlendioxid bindet. Es enthält auch ein Funkgerät mit Antenne.

Handschuhe

Mit den gummierten Fingerspitzen kann der Astronaut besser greifen.

Unterwäsche

Unter dem Anzug trägt der Astronaut einen eng anliegenden Gummianzug. Und darunter eine ganz besondere Unterwäsche, in die zur Kühlung Wasser gepumpt werden kann.

Karabiner

Die großen Karabiner kann der Astronaut auch mit Handschuhen benutzen. Damit hakt er sich bei Außenbordeinsätzen an der Raumstation ein, sodass er nicht davonfliegt.

So hat es angefangen

Ritterrüstung oder Raumanzug? Druckanzug aus dem Jahr 1934 für einen Rekordflug. Der Pilot Wiley Post wollte damit in größeren Höhen fliegen.

Nur die Besten schaffen es!

Training für den Notfall: Bei einer Notwasserung im Meer kann der Astronaut in einem Spezialanzug auf seine Rettung warten.

Astronauten haben keine Superkräfte, sie sind ganz normale Menschen. Astronautsein kann man lernen: in den USA, in Russland und auch in Europa. Die Europäische Weltraumorganisation ESA bildet immer wieder Astronauten aus. Doch von den vielen Tausend Bewerbern werden nur die Besten genommen.

Was du als Astronaut können musst

- Klar, du bist clever. Du wirst eine Universität besuchen und Technik, Medizin oder eine Naturwissenschaft studieren. Viele Astronauten lassen sich auch zum Piloten ausbilden.
- Die Astronauten der ESA stammen aus den unterschiedlichsten europäischen Ländern und nehmen an internationalen Missionen mit Kollegen aus den USA, aus Russland und Japan teil. Du sprichst auf jeden Fall Englisch, am besten auch Russisch. Du hast viel Spaß beim Sprachenlernen.
- Raumflüge sind anstrengend. Aber das macht dir nichts aus, denn du bist fit und liebst Sport. Du musst aber kein Spitzensportler sein.
- In einem Raumschiff oder auf einer Raumstation ist es sehr eng. Du schläfst, isst und arbeitest unter beengten Verhältnissen. Natürlich kommst du gut mit anderen Menschen aus.

Du willst immer noch Astronaut werden? Gut, dann könntest du zu den wenigen Frauen und Männern gehören, die einmal die Erde in einer Raumkapsel umkreisen, dort einen Weltraumspaziergang machen oder eines Tages zum Mars fliegen, um den roten Planeten hautnah zu erleben.

Astronautentraining

Die Ausbildung zum Astronauten umfasst oft viele Jahre, in denen neben einer Grundausbildung zahlreiche weitere Trainingsprogramme absolviert werden. Wird der Astronaut für einen bestimmten Raumflug eingeteilt, beginnen intensive Vorbereitungen für diese ganz spezielle Mission. Dabei werden auch Simulatoren eingesetzt, in denen alle Phasen des Fluges geprobt werden. Immer wieder werden kritische Situationen und Störfälle simuliert. Mit dieser Vorbereitung ist der eigentliche Raumflug dann ein »Kinderspiel«. Viel Spaß und guten Flug!

Funny Fact

Raumfahrer werden je nach Herkunft anders genannt:

Astronaut
 USA

Kosmonaut
 Russland

Taikonaut
 China

Spationaut
 Frankreich

Wiomanaut
 Indien

Flugsimulatoren

Bei der ISS dient im Notfall eine russische Sojus-Raumkapsel als Rettungskapsel. Die Astronauten trainieren die Landung mit der Kapsel am Sojus-Cockpitsimulator. Der Simulator ist mit den exakt gleichen Instrumenten ausgestattet wie die Original-Sojus-Kapsel.

Training unter Wasser

Der Auftrieb des Wassers ermöglicht es den Astronauten, Reparaturen und Montagearbeiten unter Schwerelosigkeit zu üben. Teile der Raumstation sind dazu in Orginalgröße in einem Wasserbecken eingesetzt. Ballons lassen Bauteile ähnlich wie unter Schwerelosigkeit schweben. Sicherungstaucher achten auf die Astronauten und greifen bei Problemen ein. Ein anderer Taucher nimmt das Training mit der Unterwasserkamera auf.

Parabelflug. In Flugzeugen, die besondere Flugbahnen fliegen, können Astronauten für kurze Zeit Schwerelosigkeit erfahren. Das Flugzeug steigt steil in die Höhe und nimmt dann Kurs nach unten. Nun befinden sich die Astronauten für rund 25 Sekunden im freien Fall und damit in einem Zustand der Schwerelosigkeit. Deswegen sind die Innenwände gut gepolstert. Das geht vielen auf den Magen, weswegen die Flugzeuge auch »Kotzbomber« genannt werden.

Astronauten

Sonnenaufgänge am laufenden Band

Auf der Erde hat ein Tag 24 Stunden. In dieser Zeit geht die Sonne einmal auf und einmal unter. Auf der Internationalen Raum Station (International Space Station, kurz: ISS) kannst du in 24 Stunden 15-mal die Sonne auf- und untergehen sehen. Der Grund dafür: Die Raumstation saust mit einer Geschwindigkeit von 27 000 km/h um die Erde. Die Astronauten sind aber an einen 24-Stunden-Tag gewöhnt. Deshalb wird der gewohnte Rhythmus von Wachen und Schlafen auch im All beibehalten. Den Tagesablauf legen die Astronauten zusammen mit der Bodenstation auf die Minute genau fest.

Weckalarm am »Morgen«

Weil auf der ISS Schwerelosigkeit herrscht, lassen sich die Astronauten aus ihren Betten schweben, um den »Tag« zu beginnen. Das Bett ist ein Schlafsack, der an der Wand befestigt ist, damit die schlafenden Astronauten nicht unkontrolliert durch die Station schweben. Die Schlafplätze sind künstlich belüftet. Denn ohne Schwerkraft und ohne Ventilator wären die Astronauten von Wolken aus verbrauchter Luft eingehüllt. Der Sauerstoffmangel würde zu schlimmen Kopfschmerzen führen.

Ventilatoren und Lüftungen sorgen zwar für frische Luft, rauschen aber dafür. Einige Astronauten haben über ihren Aufenthalt auf der Raumstation gesagt, es sei wie in einem riesigen Staubsauger zu arbeiten und zu schlafen. Manche Astronauten schlafen deswegen mit Ohrstöpseln.

Anziehen, Waschen, Zähneputzen

Die Crew, wie die Mannschaft auch genannt wird, zieht sich schnell an. Das ist in der Schwerelosigkeit nicht einfach. Die Astronauten tragen wegwerfbare Kleidung, die alle drei Tage gewechselt wird. Sie waschen sich mit feuchten Tüchern, da es kein fließendes Wasser gibt. Am Ende das Zähneputzen nicht vergessen! Die Zahnpasta wird nicht ausgespuckt, sondern runtergeschluckt.

Weltraumspaziergang. Besonders anstrengend sind Außenbordaktivitäten. Um in den Raumanzug zu gelangen, helfen andere Astronauten mit. Jeder Handgriff wurde bereits unzählige Male auf der Erde geprobt. Solche Weltraumspaziergänge sind harte Arbeit und werden durchgeführt, um etwas zu reparieren oder um neue Teile an der ISS zu montieren.

Großflächige Sonnensegel versorgen die ISS mit Solarstrom.

Die ISS ...

... sieht auf diesem Bild ganz schön klein aus. Sie ist aber ungefähr so groß wie ein ganzes Fußballfeld! Auf der linken Seite angedockt ist das Spaceshuttle, mit dem die Astronauten angereist sind.

Straffes Arbeitsprogramm

Nach dem Frühstück geht es an die Arbeit. Zunächst wird der Zeitplan mit der Bodenstation durchgesprochen. Die Astronauten überwachen wissenschaftliche Experimente oder führen Routinearbeiten an der Station durch. Die Sauerstoffversorgung und die Wasseraufbereitung müssen gewartet werden. Immer neues Frischwasser von der Erde zur ISS zu bringen wäre zu teuer. Deshalb wird Wasser aus dem Urin der Astronauten und aus der Luft der Raumstation wiedergewonnen und gereinigt. Aus der Luft wird das ausgeatmete, schädliche Kohlendioxid chemisch entfernt. Die »festen Sachen« aus den Toiletten werden natürlich nicht wiederverwertet, sondern gesammelt und gelagert.

Die teuersten Toiletten der Welt ...

... gibt es auf der ISS. Die Weltraumtoilette zu benutzen, erfordert einige Übung. Der Astronaut muss sich auf den Toilettensitz spannen, sodass er nicht davonschwebt. Die Toilette funktioniert wie eine Art Staubsauger, der feste und flüssige Ausscheidungen absaugt. Das haben sich Techniker wirklich fein ausgedacht.

Die teuerste Toilette der Welt funktioniert ohne Wasser.

Schöne Grüße von der Erde: mittels Versorgungsflug wird die Post und frisches Obst angeliefert.

Joggen im All. Sport ist wichtig.

Abendessen im All. Krümeln verboten! Herumfliegende Essensreste könnten in die empfindlichen Geräte fliegen.

Seit 2001 gibt es eine Gitarre auf der ISS. Der kanadische Astronaut Chris Hadfield entspannt sich beim Musizieren von der harten Arbeit.

Täglich Sport

In der Schwerelosigkeit muss sich der Körper weniger anstrengen als auf der Erde. Manche Muskeln werden fast gar nicht benutzt. Bei längerem Aufenthalt im All verkümmern Muskeln und Knochen. Deshalb müssen die Astronauten jeden Tag ein paar Stunden Sport treiben. Sie müssen sich dazu auf dem Übungsgerät festschnallen.

Freizeit im All

Die Stunden auf der ISS sind genauestens verplant, unterbrochen von Mittag- und Abendessen. Auch der Auftritt in Fernsehsendungen gehört zur Arbeit der Astronauten. Sie geben Interviews aus dem All und beantworten die Fragen der Journalisten. Vor dem Schlafengehen haben die Astronauten Freizeit. Sie schreiben Emails nach Hause oder hören Musik. Besonders gerne sehen sie sich die Erde von oben an oder machen Fotos aus dem All.

Zeit fürs Bett. Ab in den Schlafsack!

Einmal Mars, bitte!

Der Mars ist ein harter Brocken. Mehr als 50 Raumsonden wurden bereits zum Mars geschickt, darunter waren ungewöhnlich viele Fehlschläge. Sonden haben den Mars verfehlt oder sind auf ihm zerschellt, in anderen Fällen herrschte einfach nur Funkstille. Doch einigen Sonden gelang es, den Mars zu umkreisen, und manche setzten Landeeinheiten ab.

Auf der Suche nach Wasser

Bei den jüngsten Marsmissionen wurden sogar Rover auf die Marsoberfläche gebracht. Das sind selbstständige Fahrzeuge, die den Mars fotografieren, Atmosphäre und Bodenproben chemisch analysieren und die Ergebnisse an die Kontrollstation auf der Erde senden. Raumsonden sind genügsam und bestehen nicht auf ein Rückflugticket. Das macht unbemannte Marsmissionen billiger als bemannte Missionen. Die Marsrover sollen auch herausfinden, ob der Mars in der Vergangenheit einmal feucht war und ob es dort Flüsse und Meere gab. Tatsächlich haben die Rover Sedimentgesteine entdeckt, die darauf hindeuten, dass es auf dem Mars einmal flüssiges Wasser gegeben hat. Abgeschliffene Steine auf dem Mars sehen aus wie Flusskiesel.

Die Instrumente des Orbiter haben am Marssüdpol sogar gefrorenes Wasser entdeckt. Der Orbiter ist der Teil der Raumsonde, der den Mars umkreist und nicht auf ihm landet.

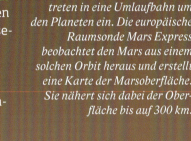

Einige Raumsonden erforschen Planeten im Vorbeiflug, andere treten in eine Umlaufbahn um den Planeten ein. Die europäische Raumsonde Mars Express beobachtet den Mars aus einem solchen Orbit heraus und erstellt eine Karte der Marsoberfläche. Sie nähert sich dabei der Oberfläche bis auf 300 km.

Marsrover

Seit 2004 untersuchen die baugleichen Marsrover Spirit und Opportunity die Oberfläche des Mars. Jedes Fahrzeug ist 174 kg schwer und 1,06 m lang.

Der Rover muss seinen Weg selber finden. Dabei helfen ihm die Kameras auf dem Mast. Regelmäßig schickt er Fotos zur Erde, darunter auch Panoramafotos von der Marsoberfläche.

Antenne für die Funkverbindung zur Erde.

Die Solarmodule laden die Batterien des Rover immer wieder auf.

Schwenkbarer Roboterarm mit Mikroskopkamera, Analysegeräten, einer mechanischen Bürste, um Gesteinsproben abzuschleifen, und einem Bohrer, um das Innere von Marssteinen zu untersuchen.

Die Räder des Rover können einzeln bewegt werden.

Letzte Phase der eigentlichen Landung: Ein raketenbetriebener Kran setzt den Marsrover Curiosity sanft auf der Oberfläche ab.

Nach der Landung untersucht Curiosity zunächst seine Umgebung, später macht er sich auf den Weg. Mit 150 Metern in der Stunde ist er nicht allzu schnell.

Curiosity nimmt den Marsboden unter die Lupe. Wird er Wasser finden?

Mikroskopische Aufnahme: Könnten hier versteinerte Marsbakterien zu sehen sein?

Die Sonde Maven ist im November 2013 gestartet, soll im Herbst 2014 ankommen und 1 Jahr die Marsatmosphäre untersuchen. Mit an Bord sind drei Gedichte von der Erde.

Bakterienfossil

Dieses Marsgestein wurde nicht auf dem Mars, sondern bei uns auf der Erde im Eis der Antarktis gefunden. Es handelt sich um einen Meteoriten, der vom Mars stammt. Für Aufregung sorgte dieser Stein 1996, als die Forscher unter dem Mikroskop Strukturen entdeckten, die sie für versteinerte Bakterien hielten. Die Behauptung war höchst umstritten, belebte aber die Marsforschung ungemein.

Spuren von Leben?

Keine der vielen Sonden hat bislang Marsgestein zur Erde zurückgebracht. Sie führen aber Geräte mit, um die Untersuchungen vor Ort durchzuführen. So kann Spirit mit einer Mikroskopkamera die Gesteine genau untersuchen. Die Sonden haben bei ihren Ausflügen vulkanische Lava gefunden und Eisen-Meteoriten, die aus dem All auf den Mars gelangt sind. Sie haben auch Sedimentgestein entdeckt, das vor Urzeiten unter Wasser gelegen haben muss. Das Vorkommen von Wasser ist eine Grundvoraussetzung für die Entwicklung von Leben. Wissenschaftler fragen sich daher, ob sich vielleicht einfache Lebensformen tiefer im Boden aus früherer Zeit erhalten haben. Doch selbst wenn es heute kein Leben mehr auf dem Mars gibt, könnte es früher anders gewesen sein.

Techniker bauen den Marsrover Sojourner im Reinraum zusammen. Sie tragen Schutzanzüge, damit ja kein Fussel in den Rover gelangt.

Menschen zum Mars

Der Mensch hat bislang nur einen einzigen Himmelskörper betreten: den Mond. Weil er nur etwa 380 000 km entfernt ist, haben die Apollo-Astronauten hin und zurück nur eine Woche gebraucht, dennoch war der Aufwand gigantisch. Bis zu 400 000 Menschen haben zeitweise am Apollo-Programm mitgearbeitet. Es musste erst die größte Rakete der Welt gebaut werden. Wie groß muss erst der Aufwand sein, um Astronauten zu dem sehr viel weiter entfernten Mars zu schicken? Dabei ist es von allen Planeten der Mars, der am leichtesten zu erreichen ist und auf dem Astronauten auch überleben könnten.

Das nächste Ziel wird also der Mars sein. Doch für den Weg zum Mars und wieder zurück zur Erde werden die Astronauten zwei lange Jahre benötigen.

Teures Ticket zum Mars

Das Apollo-Programm hat 12 Astronauten auf den Mond gebracht. Das hat damals 25 Milliarden Dollar gekostet. Wie teuer die Reise zum Mars ist, kann niemand genau sagen. Eine Schätzung geht von 500 Milliarden Dollar aus.

Essen, Trinken, Atmen

Die Astronauten müssen genügend Nahrungsmittel, Wasser und Sauerstoff mitführen. Während des Flugs können sich die Marsreisenden noch von Astronautennahrung aus Tuben und Dosen ernähren. Wasser wird aus der Atemluft und aus dem Urin der Astronauten zurückgewonnen. Der Sauerstoff zum Atmen wird durch Zersetzen von Wasser hergestellt. Auf dem Mars werden die Astronauten wahrscheinlich zu Kleingärtnern und werden dort in Gewächshäusern ihr eigenes Gemüse anbauen.

Sieht so die Zukunft aus? Eine Familie geht mit ihren Kindern spazieren.

Marskolonisten könnten auch Bergbau betreiben.

Mit solchen Fahrzeugen könnten die Astronauten den Mars erkunden.

Eingraben und gärtnern. Die Mars-Atmosphäre ist dünn. Zum Schutz vor kosmischer Strahlung könnten die Astronauten unterirdische Unterkünfte anlegen. In den Gewächshäusern wachsen Obst und Gemüse.

Interplanetare Reise

Einige Probleme einer bemannten Marsmission sind heute noch nicht gelöst. Wir auf der Erde haben eine dichte Atmosphäre und genügend Sauerstoff zum Atmen. Eine solche Atmosphäre fehlt auf dem Mars. Die Lufthülle der Erde schützt uns außerdem vor den meisten Meteoriten. Diese verglühen beim Eintritt in die Atmosphäre und erreichen nie die Erdoberfläche. Im All und auf dem Mars können sogar winzige Steinchen tödlich sein, denn sie können die Außenwand des Raumschiffs durchschlagen.
Besonders gefährlich ist die zwar unsichtbare, aber energiereiche, kosmische Strahlung. Die Sonne schleudert unentwegt elektrisch geladene Teilchen ins All. Bei manchen Sonneneruptionen besteht sogar Lebensgefahr für die Astronauten.
Wir auf der Erde haben Glück, denn unser Planet ist von einem schützenden Magnetfeld umgeben, das die Strahlung um die Erde herum leitet. Bis zur Marsexpedition sind noch viele Probleme zu lösen.

Leben auf engstem Raum

Auf der langen Reise leben die Astronauten auf engstem Raum zusammen. Weil nur Routinearbeiten anfallen, ist Langeweile ein großes Problem. Es kann leicht zu Spannungen und Streit unter den Astronauten kommen, denn bei einem Marsflug kann man nicht einfach vor die Tür gehen. Wer zu den ersten Menschen auf dem Mars gehören will, muss starke Nerven haben und besondere psychologische Auswahltests bestehen. In dem Experiment Mars-500 haben sich sechs Freiwillige in der Nähe von Moskau 520 Tage lang einer simulierten Mars-Expedition unterzogen. Aufgrund der großen Entfernung ist die Kommunikation zwischen Raumschiff und der Bodenstation auf der Erde stark eingeschränkt. Bei Problemen kann zwischen Frage und Antwort eine halbe Stunde vergehen. Die Astronauten sind also auf sich gestellt.

 Schon gewusst?

Ein Startfenster zum Mars öffnet sich nur alle 26 Monate, nämlich dann, wenn der Mars der Erde am nächsten steht. Aus dem gleichen Grund ist eine Rückkehr vom Mars zur Erde ebenfalls nur alle 26 Monate möglich.

Chat mit Außerirdischen

Unser Reporter hat keine Mühen gescheut und hat den innersten Planeten, den Merkur, besucht. Sein Verbrauch an Sonnenmilch war enorm. Leider war Merkur mal wieder sehr in Eile. Danach ging es zum Pluto, der ja leider gar kein Planet mehr ist, sondern nur ein Zwergplanet. Wie muss sich ein Planet fühlen, der plötzlich keiner mehr ist? Unser Reporter war vor Ort, am Rande des Sonnensystems ... und musste arg mit den Zähnen klappern.

Name: Merkur
Charakter: HOT – heiß und schnell
Hobbys: Herumflitzen, Meteoriten sammeln, Sonnenbaden.

Du bist also ...?
Ich bin Merkur, der Götterbote. Informationen, Briefe, Telegramme, immer auf Achse, von einem Gott zum andern, muss ich hurtig wandern. Huch, das hat sich ja gereimt.

Hättest du nicht auch gerne eine Atmosphäre oder Leben auf deiner Oberfläche?
Atmosphäre und Leben? Pah, das macht nur Schwierigkeiten. Frag mal die Erde, was die von Leben hält. Da juckt einem doch die Kruste. Klimaprobleme und Homo sapiens. Anfangs sagt man sich noch: Das ist doch toll. Materie, die rumläuft und manchmal auch nachdenkt. Aber damit fangen die Probleme doch erst an. Intelligentes Leben geht anders. Ganz, ganz anders!

Was kannst du jemandem raten, der dich besuchen möchte?
Sonnenbrille und gutes Schuhwerk, ganz klar! Sonst dampfen dir die Sohlen weg. 430 Grad Mittagshitze. Ich bin eben ein heißer Planet!

Du bist ziemlich flink, was?
Bei dem Job musst du fix sein. Ich sause und flitze. Ich bin der schnellste von allen. Man, ist mir warm. Ich bin natürlich auch am nächsten an der Sonne dran.

Du siehst ja ganz schön vernarbt aus.
Es schlägt eben immer was ein bei mir. Große Brocken, kleine Brocken und der ganze Schrott, der hier so herumsaust.

Wie sieht es mit Monden aus bei dir?
Kleinkram, der einem nur um die Ohren saust. Ich habe so viel zu tun, da kann ich mich nicht auch noch um Monde kümmern.

Wo am Himmel muss man dich suchen?
Immer in der Nähe der Sonne. Ganz schwierig zu finden. So, jetzt ist aber Schluss, ich muss ganz dringend weiterflitzen. Götterbote und so ... Du hast ja keine Ahnung, wie launisch Götter sind.